理系が得意になる子の育て方

西村則康　辻義夫

ウェッジ

はじめに　わが子を「理系」にしたいですか？

私たちは、プロ家庭教師集団「名門指導会」「中学受験情報局」などの運営、活動を通し、学習に関する困り事の相談や情報発信を長年行ってきました。代表の西村は算数、副代表の辻は理科が担当科目です。

多くの親御さんと接するなかで、最近とくに増えていると感じるのが、「わが子を理系にしたい」という声です。これまで算数や理科に強くなるための勉強法や問題集など多岐にわたり執筆してきた私たちですが、そんな声をたびたび聞くうちに、「理系に育てる」というテーマではまだ正面からお応えしていないことに気づきました。「理系」にフォーカスするならば、今ほどいいタイミングはないだろう――。これが、今回私たちが本書を企画した動機です。

世の中は今まさに大きな変化の途中にあるといえます。教育面では、小学校でプログラミングが必修化され、小・中学校では理数教育の充実に向けて学習指導要領が改訂されました。中学受験の観点からいえば、難関校ほど算数が合否を握るカギになる傾向が高まっていますし、理科も知識の丸暗記だけでは得点できない個性的な問題が急増しています。論理的な条件整理力が問われています。

親御さんとしては、こうした変化に敏感になって当然です。

また、社会的な背景もあります。「子どもが社会に出る頃には、多くの職業がＡＩに取って代わられるらしい」といわれたり、ニュースや雑誌では「10年後、20年後に生き残る職業」などといった特集が組まれたりします。

お子さんの将来に、漠然とした不安を抱かない親御さんはいないでしょう。

先が見えない時代をわが子がしっかり生きていけるように、小さいうちからできる限りのことをしたい。専門的な能力が身につけられるような教育を与え、安定した職業につけるようにしてあげたい。そうお考えになったとき、「理系」という選択肢が頭に浮かぶのだと思います。

しかし、「わが子を理系にしたい」という声の多くは、その後に「……でも」と続きます。「でも、家庭でできることってあるのでしょうか」。そして、「でも、親が理系じゃないので自信がなくて……」と、不安な気持ちを吐露される方も少なくありません。

理系に育てるには、何か特別なことをハイレベルでやらなければならないといったイメージがあるようです。しかし、それはまったくの見当違いで、理系に育てるのに一番重要なのは努力の方向を間違わないことです。

親御さんご自身の理系科目に対する心もとなさから、「問題をたくさん何度も解けば力がつく」と信じ、算数ばかり勉強させていたらどうなるでしょう。押しつけられて嫌々やる勉強は、身につきづらいものです。

理科が好きで、小さい頃から関心分野のことがらを次々と覚えてきたような子は、中学校の間くらいは完全に暗記で乗り切れてしまうことがあります。よもやそれが間違った理系の勉強法だとは知らずに、高校に入って大変な苦労を強いられることになります。

親子で理系を目指してきたにもかかわらず、いざ将来の進路を決める段階になってあきらめてしまうことになるのは、私たちに言わせれば、正しいやり方で努力できなかったからにほかなりません。

努力の方向を間違うことなく理系の勉強を積み重ねていけるよう、親御さんの間違った思い込みがお子さんの能力や選択肢を狭めてしまわないよう、本書では、理系にまつわるありがちな誤解を解きながら、理系に強くなれる生活習慣や学習習慣を具体的に紹介していきます。

これからの時代の変化は想像がつかないことだらけですが、どんなにテクノロジーが進んだ時代になっても変わらず求められるのは、テクノロジーそのものを生み出し、その進化を前へ推し進める知性でしょう。

単に学力が高いだけではなく、目標に向かう方法や問題解決手段を自分で考える力があるか、努力する活力がありそれを持続させることができるかといったことが、今後ますます求められます。

ホンモノの理系力を養うため、お子さんが算数や理科を楽しく学んでいける土台づくりから始めていきましょう。お子さんの可能性を最大限に引き出していきましょう。

理系が得意になる子の育て方　目次

第2章

理系に育つ環境を整える！幼児期の親のかかわり方

1分でわかる！　第2章　52

第3章

理系の土台を固める！就学までの最高の準備・残念な準備

第4章

理系科目を得意にする！低学年の学習&生活習慣

第5章

理系で将来の進路を開く！ 4年生以降のここがカギ

1分でわかる！　第5章　190

※本書中の商品名は各社の登録商標または商標です。

第1章

「理系」「文系」ってどう分かれるの?

1分でわかる！ 第1章

理系に育てるために、親が一番わかっておかなければならないことは何か知っていますか？　それを知らないままいくら勉強させても、子どもは理系を好きになるどころか、理系からどんどん遠ざかる……という残念な末路をたどることになります。

あなたも次のような誤解をしていませんか？

理系にまつわる3つの誤解

1

「理系」と「文系」の能力は別もので、補い合うものではない

2

理系はもともとの「ひらめき力」。「努力」では伸びない

3

「スゴイ暗記力」が鍛えられなければ、理系にはなれない

わが子が今
どんなことに
興味があるか
知らない

算数の問題が
速く解けたら、
いつもベタ褒め
している

子どもを
ダメにする
親のNG行動

苦手な問題は
飛ばして、
得意な問題を
徹底的に繰り返し
解かせる

子どもの
教科書や
ノートに目を
通していない

1-1

「算数ができる」＝「理系」とは限らない

「理系タイプ」二つの誤解

「うちの子って理系だと思うのですが」。そうおっしゃる親御さんに理由をたずねると、「算数の成績がいいから」という答えがよく返ってきます。他方で、「理系へ進ませたいのですが、難しいでしょうか」と相談にみえる方にそう思う根拠をうかがうと、「算数の成績がイマイチで……」とお答えになります。

親御さんにとって、お子さんの将来ほど大切で気がかりなことはないでしょう。だからこそ、「この子にとって最良の道は？」「将来は理系？　文系？」と小さいうちから気になるのも当然のことです。

私たちのこれまでの経験から、「うちは理系タイプ」と考えておられる親御さんにも、「理系は難しそう」と思っておられる親御さんにも共通する、典型的な誤解が二つあります。その一つ目がまさに**「算数ができるから理系」という視点**です。

本章では、まず「理系ってそもそも何？」という点から解き明かしていきたいと思います。

算数・国語の成績の単純な比較で決めるのは危険

小学校へ上がる前や小学校低学年のうちの子どもの能力は、まだ曖昧なものです。算数ができることは理系の重要な要素ですが、その点だけに目を奪われてしまったり、親御さんの希望や思い込みで判断してしまったりすると、お子さんが本来持っている能力や才能が芽吹くチャンスを逃すことにもつながりかねません。

親御さんが「算数ができる」と言う場合、「国語に比べて算数の成績がいい」というケースが大半です。算数と国語は理系と文系の代名詞的な科目と捉え、単純に「どちらの才能があるか？」と二つの科目を比較している面があるように感じます。

確かに、算数は「数」の学習で、国語は「言葉」の学習ですが、実はこれら二つの科目はまったく別の要素から成るものではないのです。

数に強いことやデータ処理が速いといった能力は、理系に必要な力です。算数ができる子は、これらの能力に優れているわけですが、それだけで理系を武器にしていけるとはいえません。

たとえば、算数の文章問題を解くとき、計算の速さだけでなく、情報を整理し筋道を立てて問題文を読む力が求められます。これを**「論理的思考力」**と呼びます。

この「論理的思考力」とは、「なぜこうなるのだろう?」→「こういう理由があるからかも!」と、**因果関係を正しく理解しながら問題解決を行う思考力**で、理系力の大半を占めるといっても過言ではありません。

理系も文系も伸ばす「論理的思考力」

では、国語はどうでしょう。国語の学習は、物語文と説明文の大きく二つに分かれます。

物語文は、空想の世界を楽しんだり、主人公に自分を重ねたりして味わいます。このとき感情理解力が、共感や読みの深さをもたらしてくれます。主人公の微妙な心の動きを理解できるからこそ、ハラハラドキドキしながら物語の世界に没頭できるのです。

他方で、説明文は何について書かれている文章なのか、どんな主張がなされているのかを整理しながら読み、文章を正確に理解する力が必要です。このとき求められる文章理解力は、「論理的思考力」に含まれます。

国語は感性が勝負の科目だと思い込んでいる方は多く、このような話をすると、「国語に理屈は必要ないと思っていました」とよく驚かれます。うちの子は本をたくさん読んでいるから国語は盤石だと、安心している方も少なくありません。しかし、小さい頃から本に親しんできた子でも、情報を整理し筋道を立てて読むことを意識してきたかどうかで、「論理的思考力」に差が出ます。将来の国語力にも大きな影響が出ます。

つまり、**理系の力と文系の力は、**異なる要素を含むものの**「論理的思考力」という部分で重なっています**。重なっているこの力を養うことが学力のベースを強固にし、理系にも文系にも可能性が開かれた道をつくることにつながります。

理系にも文系にも必要な「論理的思考力」

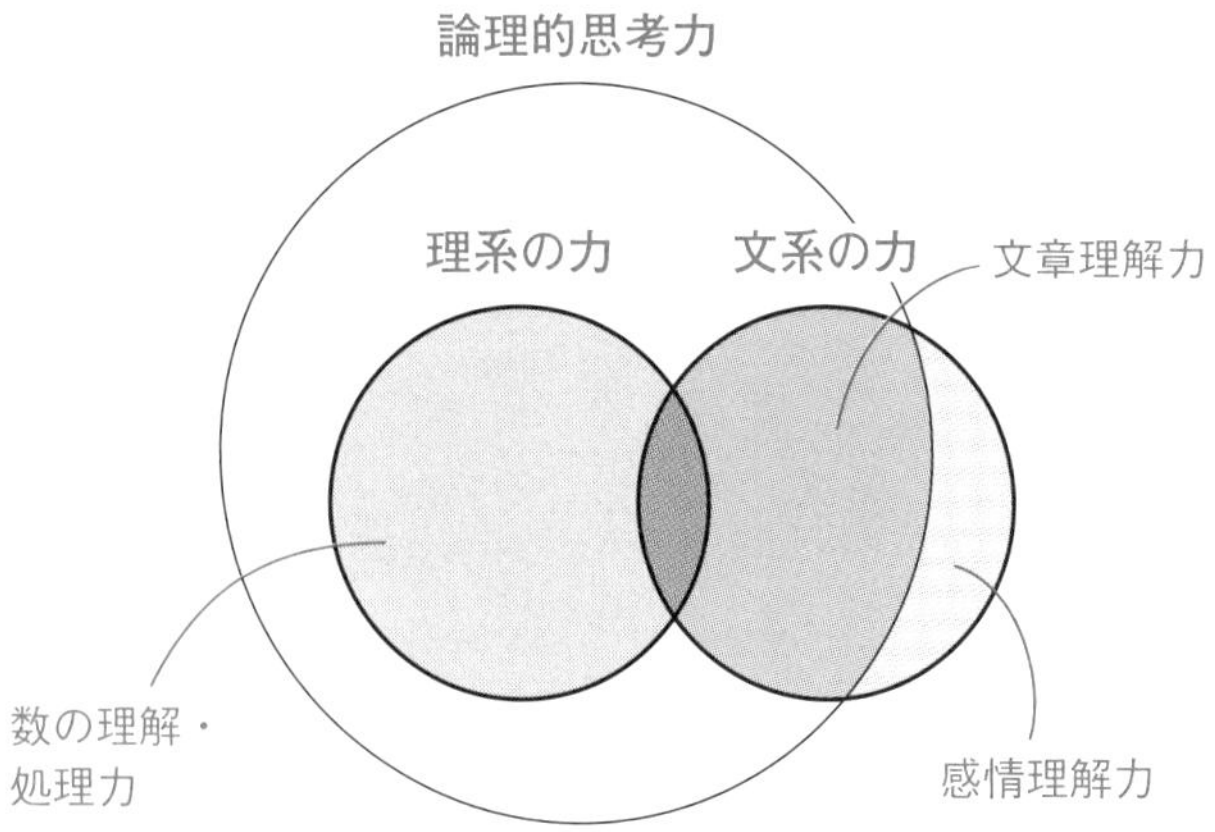

「論理的思考力が必要なのは理数科目だけ」というのは大きな誤解ですし、「国語が得意で明らかに文系だから算数は伸びない」というのもまったくの誤解です。

算数の成績がいいお子さんも、国語は得意だけど算数がイマイチというケースも、毎日の学習習慣や生活習慣、そして親子のかかわりのなかで、将来につながる学力のベースを養っていくことはできます。

そのプロセスのなかで「理系の力がぐんぐん伸びた！」ということもあるわけです。

1-2

「理系力」を下支えする「大切なもの」とは

文章問題を読まずに解く子!?

以前、算数の偏差値は常に70を上回り、国語は常に30を下回るという5年生の子を教えたことがあります。算数と国語の成績のこの落差は一体何だろうと不思議に思い、小さい頃の様子をお母さんに尋ねてみました。

思い当たる節があると言って聞かせてくれたエピソードが、積み木遊びの様子でした。積み木の面には数字やひらがなが書いてありますが、その子はずっと数字の積み木ばかりで遊んでいたといいます。それだけ数字が好きだったのでしょう。

好きなものへの関心を伸ばしたのはよかったのですが、数字で遊ぶクセから抜けきれないまま就学し、やがて本格的な勉強をする時期へ入ってしまいました。

教育熱心な親御さんでしたから、本を与えたり読み聞かせをするといったこともされてきたはずなのですが、文字や言語に対する関心が育たなかったようです。6年生になって算数の文章問題がかなり複雑になったとき、長い文章の問題になると苦労するようになってしまいました。

算数の問題に向き合うその子の正面に座り、目の動きを追ってみると、だいたい3行目で目の動きが止まってしまいます。その後、長い文章の中にある数字の箇所だけをスキップするように拾い読みし、それらの数字からまるで「当たりをつける」ようにして計算式を立てます。

その式の計算そのものは合っていても、問題には正解できません。最後まで読んでいないのですから、何を問われているのかが正確に理解できていないのです。そうしてその子は、得意だった算数の成績にも陰りが見え始めました。

算数のお悩みナンバー1

この話をにわかには信じられないという方もおられるかもしれません。しかし、多かれ少なかれ、文章問題を読まずに解こうとするこうしたタイプの子はいます。

算数という科目は、いうまでもなく、まずは数の認識が基本になります。低学年のうちは、単純な計算問題が学習のメインですから順調に伸びていたお子さんでも、「算数の成績が急に落ちてきた」と親御さんがとまどい始めることがあります。それが、文章問題の学習が始まる時期です。

「計算問題はできるんですけど、文章問題が解けないんです」というのは、私たちからすると算数のお悩みナンバー1です。

文章問題でつまずく理由は単純で、文章が読めていないからです。あるいは、読んでいるつもりでも、筋道立てて読めていない可能性があります。

算数の文章問題の文章には、「これから条件を言うから、その条件に沿って考えて答えを出してね」という意味があります。「条件」＝**「その問題における設定や状況の変化」をしっかりと把握する読み方**が求められます。

ごくごくシンプルな例でいえば、「1mの値段が80円のロープを43m買いました。代金はいくらですか」という文章も、条件や状況を正しく把握する力があってこそ正解できます。

条件や状況をしっかりと把握する読み方は、「理系的な読み方」と言い換えることができるでしょう。そのベースになるのが、「論理的思考力」なのです。

「理系的な読み方」を身につけるために

理系的な読み方ができるようになるためには、どうすればいいでしょう。

事実を事実と合った状態でできるだけ正確に認識していく作業に必要なものは「言葉」です。小学校以降、中学校、高校と進むにつれ**理系科目に強くなりたいなら、言葉の理解は欠かせない**ものになります。

事実を正確に把握する作業だけでなく、「なぜそうなのかな？」と疑問を感じたときに考えを深めるためにも、「だったらどうすればいいのかな？」と打開策を練るためにも言葉が必要です。

数にめっぽう強い子であっても、言葉で考えて補っていかないと、算数や理科はどこかで頭打ち状態に陥ります。逆に言えば、**言葉の力をつける学習や習慣が算数や理科の力を下支えし、成績を押し上げることにつながる**ということを親御さんが知って

「理系的な読み方」に言葉の理解は欠かせない

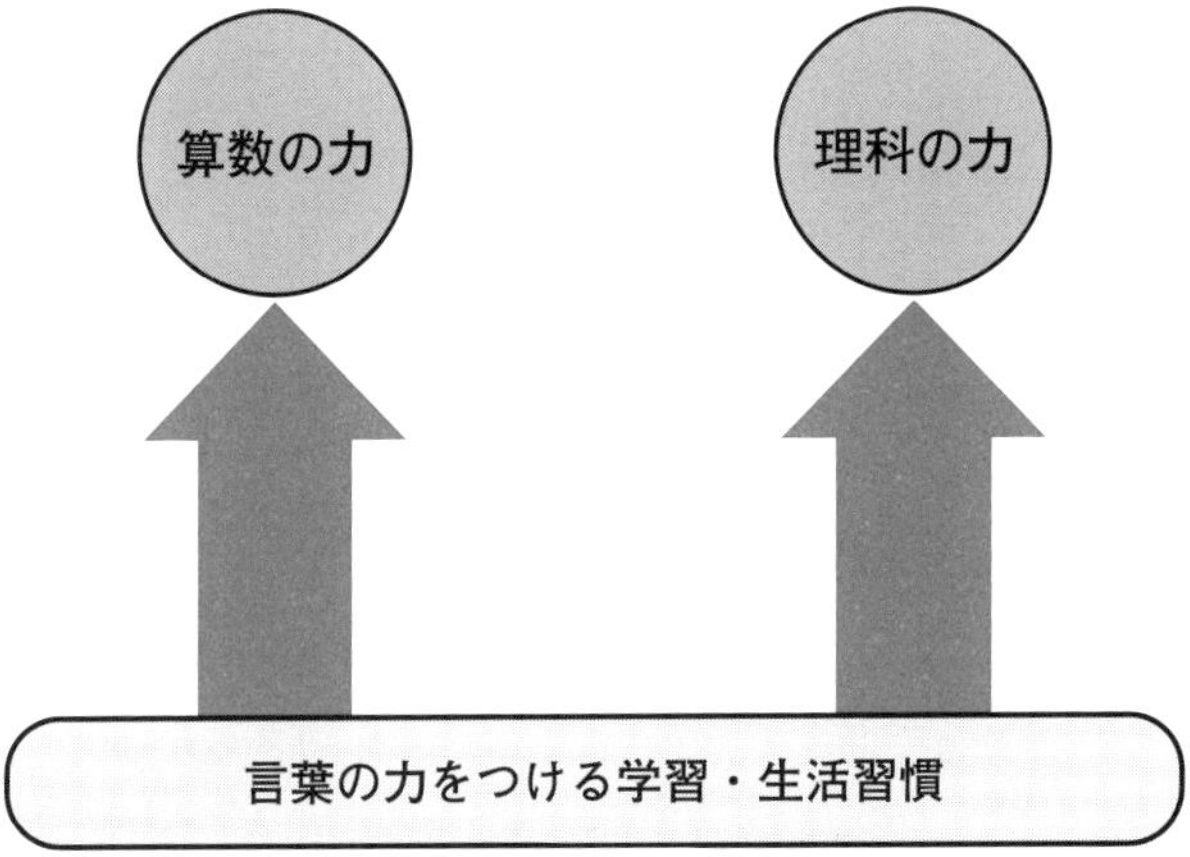

いるだけで、理系に育てるうえでのアドバンテージになるといえます。

冒頭で紹介したお子さんの国語の成績は、最終的に偏差値50まで上がりました。それにともなって算数の力も復活し、本人が志望する私立中学校に合格できました。

「数字の理解」と「言葉の理解」を並行して身につける工夫については、後章でお話ししていきます。

1-3 「暗記ベース」の学習が理系を遠ざける

丸暗記は理系力の敵

次に、理系にまつわる二つ目の誤解についてお話しししていきます。

もともと数に興味があり、数えたり比較したりするのが好きな子は、数字の記憶に関して優れた力を見せます。算数の勉強が本格的になると、円や三角形、四角形の面積を求める公式などを学びますが、素早く覚えてテキパキと問題を解いていく様子を目にすると、親御さんは安心されることと思います。

しかし、**覚えや飲み込みが早いな、順調だなと感じたときこそ、実は注意深く見守ってほしいのです。**

学校で公式を習うときには、なぜそうなるのかの理由を教えられるはずです。たとえば円の面積はどうして「半径×半径×円周率（3・14）」で求められるのか、丁寧に図解されます。とはいえ、公式を使って問題をたくさん解いているうちにいつの間にか公式が一人歩きし、なぜそうなるかの理由を子どもは忘れてしまいます。

高学年になると、図形をパーツに分けたり並べ変えたりして全体の面積を求めるなど、問題はどんどん複雑になっていきます。そんなときに、公式の丸暗記だけでは太刀打ちできなくなります。

「どうしてその式で解けるの？」と聞いてあげる

ただここでは、暗記がいけないとお伝えしたいわけではありません。問題にたくさん触れていくなかで覚えてしまったのだから、覚えているものに関しては使っていこう、という順番でいいと思います。たとえば、円周率の問題では、25×3・14＝78・5、16×3・14＝50・24という計算がよく出てくるので覚えている子はたくさんいます。結果として覚えるのはいいことですし、算数が得意な子は覚えているケースが多いです。

しかし、逆に暗記することから始めて、理系科目ができるようになるかというと、そこに相関関係はあまりないように感じます。丸覚えしないと理系はできるようにならないとか、覚えてすぐに使えるから理系の能力が高いと、親御さんが考えないほうがいいと思います。「暗記力のよさ＝理系に強い」とはいえないのです。

むしろ暗記ベースの学習は、お子さんを理系から遠ざけてしまいます。ですから、学習で暗記が増えてきたとき、「どうしてその公式で解けるの？」とお子さんに聞いてあげることが大切になってきます。

「たくさん、速く！」より「考えながら、ゆっくり」

暗記というと、「文系こそ暗記科目では？」とお感じになる方もいるでしょう。社会は暗記科目の代表のように捉えられていますし、英語の単語や文法はもちろん、国語の漢字も暗記力がないことには身につきません。

漢字を覚えるとき、形そのものをフォトリーディングのようにして暗記する子もときどきいますが、勉強がよくできる子は単に見た目だけで覚えるのではなく、意味づけをしっかり理解して知識として定着させています。偏は音を表していてつくりは意味を表すことや、漢字の成り立ちを示す象形文字やその漢字が使われている熟語や例文にまで関心を広げながら、自分の中で理屈づけをしていくのです。

日本史が大の苦手だったある子は、高校のときに古代から現代まで教科書と副教材、用語集を合わせて通し読みしたところ、バラバラに覚えていた政治史や文化史が頭の中でガチャーンッと合体する瞬間がありました。こういう事件や出来事があったから次にこういう時代が訪れたんだと、因果関係で時代の流れを体系的に理解でき、苦手意識を克服できたのです。ちなみに、これは辻（担当科目・理科）の実体験です。

こうした**論理的な学びは、知識の編み目を強くし、確実な定着をもたらしてくれます**。つまり、理系科目に限らず、文法や歴史といった文系科目の勉強もすべて論理的に行わないと身につきづらいといえます。やみくもに丸暗記をする子は、文系の勉強でもうまくいかないことが多いというわけです。

小さいうちこそ、「たくさん、速く！」ではなく、「考えながら、ゆっくり」な学習習慣を身につけていきましょう。

1-4

理科嫌いになる学年はだいたい共通している

理科は暗記科目と思い込んでいませんか？

理系に進むために大切な科目が理科です。

小学校の理科の学習は、生活科から始まります。学習が本格的になるのは3年生で、それまでは身近な自然の観察や植物などを用いた遊び道具作り、動植物の生育などを広く浅く学んでいきます。

ご存じのように生活科には社会の分野も含まれますから、地域社会や自然と自分たち人間とのかかわりについて調べ、考える機会になります。

もともと理科の分野が大好きという子は、小さい頃からその傾向がはっきりと見られるでしょう。

あるお子さんも、生物、自然、気候、天文などの分野が好きで、図鑑や本をたくさん読んでいました。とくに鳥については何でも知っている「鳥博士」のような子でした。知的好奇心が全開になった子どもの記憶力にはすさまじいものがあり、一度見ただけの鳥の特徴をつぶさに捉えます。図鑑で知識の裏づけをするや、それもすぐさま記憶してしまいます。

そうしたわが子を見ているうちに、親御さんは「この子は自然科学が得意なんだな」「将来は理系へ進ませてあげたい」という希望を持ち、中学受験を目指し4年生から進学塾へ通わせることにしました。

本人も勉強に意欲的で、好きな理科の週テストはいつもいい点が取れていました。ところが、4年生の後半で力学の単元の授業に入ったとき、テストの点数がガクンと下がってしまったのを見て、親御さんがこうおっしゃったのです。

「なんで理科なのに計算をさせるんですか⁉」

力学のような物理分野の単元では、必ず計算や作図が求められます。しかし、親御さんは、理科なのに算数みたいに計算して考えないと点が取れないなんて話が違う、

「おかしいじゃないですか!!」と怒っておられるのです。

親御さんは、理科は暗記の科目だと捉えていたのでしょう。それはご自分の経験からなのか、巷の情報に影響を受けたのかわかりませんが、理科の週テストは暗記で乗り切れるものだと考えていたのだと思います。

「理科は暗記科目」という思い込み――。これは、理科にまつわるあるある現象です。そして、子どもが理科を嫌いになってしまうのは理科の計算問題がきっかけであるケースが多いのです。

理科好きな子が陥りがちな落とし穴

理科という科目には、大きく分けて知識問題と思考問題があります。知識問題とは、メダカのひれは全部で何種類あるか、一等星をもたない星座にはどんなものがあるかなどを問うものです。こうした知識問題は選択肢が用意されているケースも多く、確かに暗記で対応できる面もあります。

他方で思考問題は、問題文が提示する条件をしっかり読み解きながら、法則や公式

理科の問題は大きく分けて二種類ある

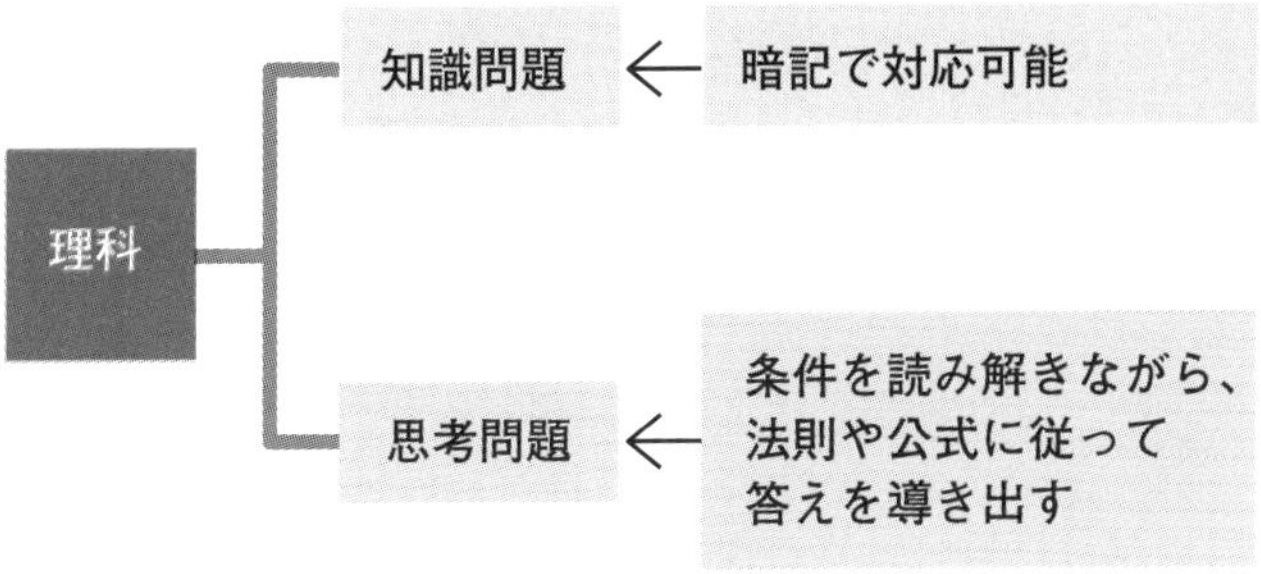

に従って答えを導き出す必要があります。

「理科なのにこんなに計算するんだな」と、子ども自身のなかで算数と理科がつながる実感が得られるのは、5年生から6年生あたりの「てこ」「バネ」の単元です。

これらの単元では、単に知識を問う問題とは異なり問題文も長くなります。先に算数のつまずきポイントとして多いのが文章問題だという話をしましたが、それと同様に、理科の思考問題も論理的思考力に基づく読解ができなければ正解は難しくなっていきます。

そこで、高学年でお子さんを理科嫌いにさせないためには、**まず親御さんが、**

理科の知識問題も丸暗記ではなく、理由や由来を理解したうえで覚えるといいことを心構えとして知っておくのが大切になってきます。

そして、理科の勉強が本格的になってくる3年生以降、お子さんの勉強が暗記だけに頼り過ぎていないか気にかけてあげることです。

私たちがとても残念に感じるのは、高学年になって急に理科が嫌いになってしまう子のなかには、もともと理科に関心がないお子さんよりも、むしろ小さい頃に理科が好きだったお子さんが多いという点です。

お子さんが本来持っている知的好奇心を高めながら、勉強や将来の選択に生かしていけるよう工夫をしていきましょう。

1-5 本当はどんな子でも理系に強い子に育てることができる

ある程度の年齢まではバランスよく

お子さんの特性や能力を見極め、早いうちから得意を伸ばしてあげたいという親御さんは多いでしょう。ただ、子どもの可能性は、理系か文系かできっぱりと分かれて伸びていくというわけではありません。

理系と文系、それぞれに求められる要素はありながら、両者には重なり合う部分があることはすでにお話ししたとおりです。本当の理系の能力は文系の力に支えられ、本当の文系の能力もまた理系の力なしには伸びません。どちらが優れているという話ではなく、**ある程度の年齢までは両方をバランスよく伸ばしていく**ことが、将来につながるでしょう。

とはいえ、わが子がどちらのタイプか知りたいという方に一つのヒントをお教えします。

「理系」or「文系」のチェックポイント

人は、子どもの頃から、大きく分けて「現象」と「人間」という二つの事柄に接しながら生きていきます。

「現象」とは、自然現象や科学現象などを指します。

朝、太陽が当たっているところは温かくなってそれ以外のところは冷たいんだな、8月に入ってセミの鳴き声がアブラゼミからミンミンゼミに変わったなど、自然の変化に興味を示すような子は「現象」に関心がある子です。

また、テーマパークのアトラクションに並んでいるときに、「5分で2m進んだから、あと10分くらいで順番が来そう」などと分析するのが好きな子もこのようなタイプです。

理系・文系チェックポイント

理系的関心	文系的関心
現象	人間
・自然現象 ・科学現象 ・状況分析	・感情 ・言動 ・人間関係 ・人の営み

もう一つの「人間」とは、人の感情や言動への興味、他人とのかかわりなどを指します。

保育園や幼稚園で○○ちゃんがこんなことを言った、誰と誰がケンカになっちゃったなど、自分の身のまわりの人間関係や人の営みに興味が向くのが、「人間」に関心がある子です。

人としての関心のあり方や興味の向き方をざっくり分けるとこのように二つあり、「人間」への興味よりも「現象」への関心が若干先行している子が「理系に強いタイプ」という傾向はあります。

つまり、自分をとりまく環境に対する関心の向き方の入口の時点での傾向はあり、「現象」傾向の子が理系タイプ、「人間」傾向の子が文系タイプということはできると思います。

ですから親御さんは、まずお子さんがどちらの傾向かを知っておくだけでよいでしょう。

親のかかわり方しだいで変わっていく年代

数字や計算が好きな子のなかには、1年生で2年生や3年生の問題をスイスイ解いていく子がいます。まるでクイズにトライするように楽しんでいます。稀にいる、いわゆる天才肌の子です。

その場合、親御さんは「うちの子って理系なのかな」と早い時期に気づくと思います。こういうタイプの子は極端なので目立ちますが、理系に進む子が小さい頃からみんなこのような天才ぶりを発揮するわけではありません。

お子さんが小さいうちは、理系の可能性があるのかないのかを見極めるのは難しいですし、**焦る必要もない**でしょう。小学校受験を目指して勉強を始めているにしても、就学前の年齢で子どもの方向性を決めようとするよりも、いろいろな学びにチャレンジできる期間と捉えてほしいと思います。

そこで、こんなふうに考えてみてください。

10歳くらいまでの間は、親のかかわり方しだいで理系にも文系にもなる——。

理系か文系かどちらの可能性もあるし、両方の可能性を大事に育んでいいのが子ども時代です。特別に際立った能力を示す子でなければ、両方の能力を持っているほうがむしろ強みになります。親御さんには、そのようなスタンスでお子さんを見守っていてあげてほしいと思います。

1-6

将来を見据え、伸ばしておいて損はないのが「理系力」

将来の学力を盤石にするために

お子さんが、理系か文系かの進路選択をするのはまだ先です。公立の小・中・高へ進むケースならば、一般的に進路選択は大学受験へ向けた高2。私立の中高一貫校のケースでは、早いところでは中学で始まりますが、本格的な選択はやはり高校に入ってからです。

将来の選択はまだわからなくても、少なくとも高校受験、大学受験くらいまでは、理系も、文系も、どちらの力も高めておくことで、総合的な学力が盤石になるだけでなく、お子さんの将来の選択肢も広がります。

ちなみに、高2あたりで、数学でどうも点数が取れずに困っている子の数学の成績を上げるのと、英語で困っている子の英語の成績を上げるのとではどちらが大変かというと、意外に思われるかもしれませんが、英語のほうです。

英語は、単語や文法の膨大な暗記が必要ですし、そもそも言語にはイレギュラーな要素がたくさんあります。たとえば、be動詞一つにしても、主語がIかYouかHe・Sheかによって変化します。

英語には細かい知識の積み重ねが要るのですが、それに比べて数学は大まかな知識の積み重ねで済みます。公式という解き方のルールをしっかりと理解し、当てはめればOKですから、立て直しやすいのです。数学は、2年間あればガツンと伸ばすことが可能です。これは理科も同じです。

中学や高校で、理数系の科目は好きで理系の世界に憧れがあるけど、成績がいまひとつ振るわない理由は、はっきり言って算数・数学に対する努力不足です。理数系でなかなか点が取れない、「だから文系にしようか」という子は、少なくとも**勉強の仕方や学習習慣を見直すだけでなんとかなる可能性が高いので、あきらめてほしくない**と私たちは常に思っています。

理系力という「一生もの」の力

私たちの主なフィールドである中学受験の世界は、近年、受験の出題傾向が大きく変わりつつあります。

ひと昔前、難関校の算数や理科の受験問題は重箱の隅をつつくようなマニアックな問題が出され、どれくらい多くの多種多様な受験問題を解いてきたかが勝負の分かれ目のようなところがありました。暗記力が合否を分けるというイメージを持たれがちでしたが、実際にそのような面はありました。

しかし、昨今の難関校では、頻出傾向の高い難問の解き方を丸ごと覚えて頭に詰め込む勉強法では通用しなくなっています。なぜなら、学校側は「どのように考えてこの問題を解こうとしているのか」が浮き彫りになるような巧みな問いかけをし、その子の**「自分で考える力」をはかるようになっている**からです。

理系科目が好きで得意になっていく子は、解き方のルールを理解して自分のものにし、論理的に思考する勉強法が身についていきます。

ですから、たとえ受験本番で自分がまったく知らない事象や現象を扱う問題が出題されても、問題文の情報からヒントを整理し、「ここまでは自分はわかっているな」という立ち位置から、最適な解き方を考えたり思い出したりしながら解いていきます。単に暗記した知識を頭の中で探す作業に邁進するのではなく、思考力を駆使しながら解いていくのです。

私たちは、これがホンモノの理系の力だと考えています。

いってみれば理系の力とは、**大人になっても必ず必要になる問題解決力や発想力の源**です。生きていくうえで、非常に強力な武器になります。

その力が本当に必要になる時期は、個人のライフスケジュールによって異なるでしょう。中学受験はそれをいち早く体験できる機会ですが、高校受験や大学受験で力を発揮するタイミングの人もいます。

社会人としてビジネスに携わる際にも役立つでしょうし、弁護士、税理士、会計士など文系の資格試験で結果を出しやすくなる可能性もあります。

広い意味での学びは、いくつになっても始められます。知的好奇心が向くものについて知ったり考えたりすることは人間の喜びでもありますから、年齢制限などありま

理系の力	=	問題解決力・発想力の源

- 大人になっても必要な力
- 「あと伸び」の基盤になる力

せん。実際、高校や大学から本腰を入れて勉強に打ち込み、あと伸びする子はたくさんいます。

しかし、あと伸びのためにもやはり学力の基盤となる**「自分で考える力」を育てておく必要がある**のです。

お子さんが小さい今のうちから、着々と養っていきましょう。将来を見据えると、小さい頃から伸ばしておいて損はないのが理系力なのです。

1-7 理系に育てるロードマップ

成長段階に合わせて気をつけたいポイント

次章から、「幼児期」「就学前まで」「低学年」「小4以降」の四つの成長段階を追いながら、お子さんを理系に育てるために意識したいこと、具体的な方法を紹介していきます。ここでは、各年代ごとの核になるキーワードを紹介します。

◆「幼児期」—「なごやかな親子関係」を大切に

2、3歳からはじまるこの時期は、「なごやかな親子関係」が子どもを勉強好きで賢く育てるためのベースになります。親子の濃密な遊びを通じて、子どもは言葉、周囲への関心の向け方、心の動かし方を真似し、学んでいきます。大切なインプットの時代でもありますから、親御さんの**「声かけ」**がとても重要になってきます。

◆「就学前まで」―数に対する「量感」を育む年代

小学校に入るまでの時間は、数に親しむ習慣をつけ、100ぐらいまで数えられるようになっていることを目指したい年代です。そして、「10ってこれくらい」というあ**数のボリューム感＝「量感」**を育むための遊びや学びの機会を親御さんは増やしてあげてください。この「量感」は、理系の力を伸ばすうえでベースになるものです。

また、数の学びと同時に、**言葉の基礎**を固めておくことも必要です。短い文章の会話や名詞を覚える機会を増やしていきましょう。

◆「低学年」―「ルール」を理解しながら学び・解く習慣をつける年代

これまでの遊びのなかでの数と、机の前に座って勉強する数が近づいてくる年代です。問題を解くには公式などの**ルールがあることを理解しながら勉強に取り組めるかが最大のミッション**です。

理系が好きかどうか、お子さんのタイプがだんだん見えてくる時期でもあります。

◆「小4以降」─「納得感」を積み重ね、学力を伸ばす時代

小学校での勉強が、本格的な学びに変わります。長時間たくさん勉強することがいいのではなく、「なるほど！」「わかった！」「答えに自信ある！」という**「納得感」が勉強には一番大切だ**ということを、親子で共通の認識にしましょう。理系の力はこの「納得感」があってこそ積み重なっていきます。

子どもの自己肯定感を高める声かけの工夫が、とくに大切になってくる時期です。

これから始めても間に合う！

「うちの子はすでに幼少期を過ぎている」という場合でも、できそうなことを今から取り入れてみてください。「これまであまりやってこなかった」と気づいたことがあれば、今の年代に合うかたちでアレンジしてみましょう。

では、理系が得意になる学習&生活習慣を始めていきましょう。

第2章

理系に育つ環境を整える！幼児期の親のかかわり方

1分でわかる！ 第2章

「大切なわが子に理系の道をひらいてあげたい」という願いが強過ぎると、「教育で間違いたくない」「子育てで失敗したくない」という思いが空回りし、家庭内がギクシャクします。そんな家庭環境で楽しく学ぶことはできず、最終的に待っているのは「子どもが勉強を嫌いになる」という悲劇です。

理系の土台作りは、幼児期から始まっているのです！

幼児期にまつわる親の3つの悩み

1 どうすれば「自分から勉強する子」に育てられるのかわからない

2 せっかく買った知育玩具で遊んでくれないのでイライラする

3 共働きで忙しく、子どもの勉強を見てあげる余裕がなく不安

「危ないよ」
「急がないと遅れるよ」
と、子どもの失敗を
未然に防ぐ声かけを
大切にしている

子どもの「なぜ？」に
答えるため、正解を調
べて教えてあげる

子どもを
ダメにする
親のNG行動

中学受験を決めたの
で、親は趣味や習い
事をやめてサポート
に徹することにした

「本を読みなさい！」

が口癖

2-1

学力のベースは「なごやかな親子関係」にある

親子で「ご機嫌」に過ごすことが一番大切

子どもがのびのびと学び、賢くなっていくためには、理系か文系かということ以前に「順調に」育ってくれることが第一です。身体的に健やかであることはもちろん、精神的にも元気で前向きな状態であってこそ、子どもの能力は伸び、高まります。

そうした順調な育ちをうながす土台になるものは何か、どんなことが大切なのかをお伝えするのが本章のテーマです。

幼児は、生物としては人間ではあるものの、まだ社会性を身につけていないため動物に近い状態といえます。生物としてのＤＮＡを考えた場合、「順調に」育つために必要なのは**「安全」**です。

子どもにとっての安全とは、身の安全とともに**心の安全**です。**いつも安らいだ気持ちで落ち着ける。困ったことがあっても大丈夫と思える。**心底そう感じられる環境は、親御さんによってもたらされます。

大人になるとみんな鈍感になってしまうのですが、子どもの頃は家に帰って玄関のドアを開けた瞬間にお母さんの機嫌がわかったものです。誰にも経験のあることだと思います。それぐらい子どもにとって親の存在は大きく、4年生くらいまでの子どもの世界は、親の存在が大半を占めていると言っても過言ではないでしょう。

ですから、お母さんやお父さんの機嫌がいいか悪いかというのは、子どもにしてみると「世界の動向」に匹敵するくらいのインパクトがあります。

親御さんが不機嫌なのは、子どもにとっては緊急事態です。心が不安になり、自分に対する自信が持てなくなります。そのためどうしても、親御さんの機嫌が悪くならないよう無意識に振る舞ってしまうようになります。

反対に、普段から親がご機嫌で、親子関係がなごやかであれば、子どもは安全には気をつけなくてもいいので、勉強や文化的な事柄に気持ちを向けることができます。

将来伸び悩む子が見せがちなある素振り

中学受験のプロ家庭教師「名門指導会」（代表・西村）の担任講師として私たちがお宅へ伺ったとき、4年生くらいの子であれば、それまで安心して日常生活を送ってきたかどうかがわかります。

その子が立てた計算式について「本当にこの式で計算したら答えが出そう？」と尋ねたとき、十分な安心感のなかにいない子どもは、常にお母さんの表情をうかがうのです。もしくは、自分がしゃべった後すぐにお母さんのほうをチラ見し、表情が険しくなるとすぐにうつむきます。

こういう振る舞いを見せる子は、お母さんの機嫌を取ることが勉強とイコールになってしまっています。正解か不正解かよりも、お母さんの機嫌が悪くなることを恐れて、機嫌が悪くならない返答をしたいという気持ちが強くなってしまうのです。伸び悩む子のなかには、そういう環境にいる子がよく見られます。

親子の会話で論理的思考力が高まる

子どもにとっての安全な環境とは、ひと言でいえば、**なごやかな親子関係**です。なごやかな親子関係には、穏やかさや風通しのよさはもちろん、なごやかな親子の会話があります。子どもは、なごやかな親子の日常的な会話から言葉を学び、語彙を豊かにしていくだけでなく、言葉でものを考えていくことを覚えます。つまり、**なごやかな親子関係のなかで、子どもの論理的思考力は鍛えられていく**のです。

IQ160を超えるようなひらめき脳を持つ、理系の申し子のような子はたまにいます。ただ、それは例外です。ほとんどのお子さんの場合、言葉で論理的思考力ができる方向を目指し、理系のベースを構築していくのが、結局のところ確実で近道です。

不機嫌な表情を見せず、怒らず、いつもニコニコ……。そんな子育ては不可能ですが、子どもとの会話を大切にする親御さんの姿勢は、必ずお子さんに伝わります。理系に育てたい場合も、まだ方向性が定まらない場合も、親子でご機嫌で過ごすことから始めましょう。

2-2

「理系的思考」の始まり「なぜ？」を育てる

子どもの「なぜ？」は賢くなるチャンス

お子さんが理系に育つかどうか左右する要素は何だと思いますか。そう尋ねるとよく返ってくるのが、「遺伝」という答えです。親御さんのどちらか、あるいは両親ともに理系の出身であることが、子どもに最も強く影響すると考える方は少なくありません。

しかし、理系の親御さんの元に生まれたお子さんだけが「理系脳」を持つということはないでしょう。理系脳とは、生活のなかで育まれていく面は多々あります。

その大切な機会になるのが、子どもが**「なぜ？」「どうして？」**と口にしたタイミングです。

小さな子どもは、見るもの聞くものすべてが興味の対象になります。おもしろいな、楽しいな、そんな感覚で自分を取り巻くものに関心を寄せる行為は、幼少期のとても重要な「遊び」です。

遊びから生まれた楽しさは、そのうち子どもの頭の中で「不思議だな」「謎だな」という**知的好奇心**へと変わっていきます。それが、「なぜ?」「どうして?」という言葉になってあふれるのです。

子どもが「なぜ?」「どうして?」と聞いてくるときは、子どもが賢くなるチャンスです。それは、理系脳が芽生え始めた合図といえるでしょう。実際、理系の芽が育ち始めた子ほど、生活のなかで感じた疑問を親や身近な大人に無邪気に投げかけてきます。

正解を教えようとしなくても大丈夫

しかし、わが子からのこの投げかけが、親御さんにとって少々プレッシャーになることもあるようです。なぜなら、真面目な親御さんほど、聞かれたことに正確に答えてあげなくちゃと感じてしまうからです。

「どうして車は走るの？」「なぜ空は青いの？」。

「正解を教えなきゃ」と思うと焦りますし、面倒にもなります。ことのほか、動植物や機械工学などにあまり興味を持ってこなかった場合、こうした「なぜ？」は困りものでしょう。まったく未知のジャンルの知識を問われることもあるはずです。

このときに大事なのは、正解を教えてあげることではなく、**「よく気づいたね、すごいね」と受け止めること**です。そして、一緒に情報を探してみよう、一緒に考えてみよう、そうするときっと楽しいよ！という雰囲気を醸し出すことです。

たとえば、「これ何？」と聞かれてわからないときは、写真や動画に収めることができるものならばとりあえず撮っておけば、帰宅してから一緒に図鑑で調べられます。スマートフォンのGoogleレンズなどの検索アプリを使ってその場で名称や特性を確定できることも、子どもにとってはワクワクする体験でしょう。

日常のなかで感じるふとした疑問を大切に、**「なんだろう？→調べてみよう→わかった！」**を親子で日々体験していると、**「なぜ？」**が**「知る楽しさ」**につながるこ

「なぜ?」が知る楽しさにつながる

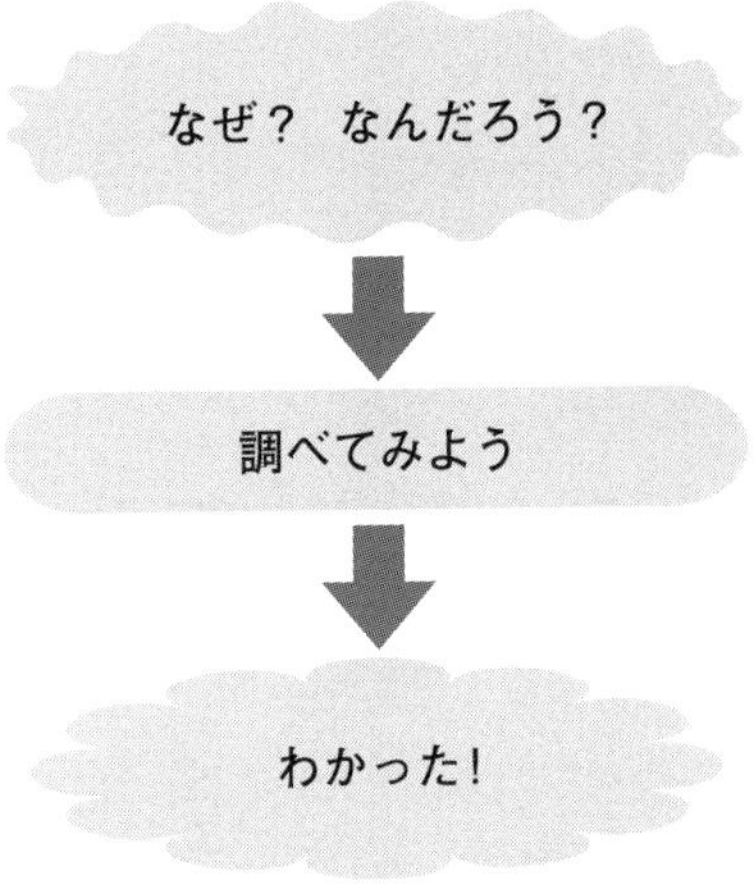

とを子どもは実感できます。とりわけ、そうしたコミュニケーションをとりやすいのが理系のテーマです。

逆にいえば、理系に育てたければ、お子さんから「なぜ?」が頻繁に出てくるように工夫していけばいいということになります。

親の声かけが子どもを伸ばす

子どもが勉強を好きになり、ぐんぐん成績を上げていくには、学習習慣と具体的な学習スキルが絶対的に必要です。しかし、それだけでは持てる能力を存分に伸ばしていくのには限界があります。

もう一つ欠かせないのが、子ども自身がやる気を維持できる環境を整えることで、その大きな役割を担うのが、**日々の親御さんの「声かけ」**です。

声かけとは、子どもがハッとするような名言を繰り出すことではありません。子どもが意欲のスイッチを自分で押せるように後押ししたり、勉強の壁にぶち当たったときに試行錯誤を楽しめるサポートになるような言葉をかけてあげること。もっとシンプルに、**言葉による「さりげないリアクション」**と捉えてもけっこうです。

これは、わが子を理系に育てたい親御さんだけでなく、賢い子に育てたいと願う親御さんすべてにまずお伝えしたいことです。本書でも、声かけについて随所で紹介していきます。

2-3

好きなことに熱中する体験をたくさん

謎の行動こそゆったり見守り、観察

ここでちょっと一緒に考えてみてください。お子さんが、拾ってきた石ころをリビングに並べて分類する遊びに熱中しているとします。

Aさんは、「散らかさないでね」とひと言。

Bさんは、その様子をおもしろがって見ています。

Cさんは、子どもの遊びに参入して一緒に遊び始めました。

3人のお母さんの対応は三者三様です。

子どもは、突然何かに熱中することがあります。でも、なぜ熱中しているのか、何がおもしろいのか、大人にはその理由がわからないことが大半です。だから、そんな遊びがムダで無意味なものに感じられてしまいます。

この三者で一番いいのは誰かといえば、Cさんです。子どもの遊びに参入すると、自然に会話が生まれます。石ころ並べならば、「次はどの石を置く？」「これってどんな順番なの？」などと尋ねれば、自分なりの言葉で答えるでしょう。

こんなふうに親御さんが遊びに参加してくれると、子どもは張り切ります。子どもは、今まさに関心が向く事柄に心おきなく熱中できるのですから、こんな安全で恵まれた環境はありません。熱中の度合いはさらに増し、遊びが進化していきます。

私たちが、「この子はよく学ぶことができるな」と感じるタイプの子どもの親御さんには共通した特徴があり、どこか大らかで、お子さんとの距離感が絶妙といった印象です。子どもは子ども、自分は自分とある程度「別の人間」という感覚を持っておられるように感じます。

ですから、まずは子どもの行動に口出しせずに受け入れる姿勢で接し、見守っています。そして何よりも、**お子さんをよく観察しています**。その点からすると、おもしろがって見ているBさんもいい振る舞いといえます。

でも、ムダなことをしているという思いがあると、「散らかさないでね」「そんなことより勉強したら」といった小言が口を突いて出がちです。

「夢中」に潜む理学的発想、工学的発想

何かに熱中しているとき、子どもの学びのセンサーはマックスです。そのときに見たもの、触れたもの、考えたことが鮮明に刻まれていきます。それはまさに、脳のシナプスが次々とつながっていく瞬間といえます。

石ころ並べの例でいえば、子どもの頭の中では集めた石ころの「分類・比較・検討」作業が行われています。「共通点はここで違いはここ。だから、大分類ではこの2つは同じだけど、小分類では違うグループ」と、大分類・中分類・小分類というような階層の分類の基礎にあたることを行っています。

もちろん、そんな専門的な言葉を知るはずもありませんが、物を集めてきてゴソゴソやっているということは、頭の中でそういう作業を行っていると捉えて、それ自体が学びになっていると考えていいと思います。

物の形、大きさに注目して分類・比較・検討することは、将来の算数の図形認識につながります。また、理科は「整理して考えて分類して覚える」科目ですから、幼児期の体験が将来の得意科目への種まきになるともいえるのです。

ものを集めることに限らず、ものすごい集中力で何かをじっと見つめたまま動かなくなるようなことが子どもにはよくあります。

それは多くの場合、「どうなってるのかな」「何か起きそうだな」「こんなことが起きるんじゃないかな」と想像しているのです。つまり、**仮説を立て、観察し、その結論がどうだったかを確認するという、理科実験そのものを頭の中で行っています**。これは理学的発想です。

「ガラクタばかり拾ってきて困る」と大人が感じても、子どもは「何かに利用できるかも」「○○を作れるかも」と発想をめぐらせ夢中になっているかもしれません。こちらは工学的発想です。

大人には理由がわからなくても、本人のなかでああでもないこうでもないと何かに熱中しているときは、親がことさらに「こうやってみたら？」と手助けや提案をする必要はないでしょう。**「何がおもしろいの？」と理由を聞いてみたり、「うまくいって**

「夢中」に潜む理系的発想

理学的発想
- 「どうなってるのかな」
- 「何か起きそうだな」
- 「こんなことが起きるんじゃないかな」

工学的発想
- 「何かに利用できるかも」
- 「○○を作れるかも」

る？」とさりげなく声をかけるだけで十分です。

幼児期に好きなことに思い切り熱中した体験のある子は、勉強が本格的になって以降、じっくり取り組む習慣がつきやすい傾向があります。

勉強ができる子や巷で評価されている勉強法をわが子にも真似させようと強いるケースがよくありますが、それでは学びはうまくいかないのです。

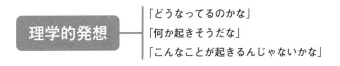

2-4

一緒に遊ぶだけで子どもは真似して賢くなる

模倣は学びの基本

子どもは、親御さんの何気ない行動をよく見ています。なんせ子どもにとって親は「世界の動向」ですから気になるのです。それと同時に、さまざまな行動を「すごいな」「かっこいいな」と、憧れの気持ちを抱いて見ていることもあります。

たとえば、親御さんがよく本を読んでいるご家庭のお子さんは、自然に読書が習慣になります。リビングに本棚があり、生活に読書が根づいているようなご家庭では、親御さんが静かに本を読んでいると、子どもも自分のお気に入りの本を持ってきてそばで読んだりします。

大人の真似をすることで、ちょっと大きくなれた気になりますし、かっこいい気がするのでしょう。**子どもは親の真似をしたがる**のです。

「真似る」という行いは、知的な発達を促す側面からも欠かせないものです。発達にしたがって子どもはよく「ごっこ遊び」を始めますね。お店屋さんごっこ、電車ごっこなどの遊びはどれも、目で見た物事や現象を記憶し、それを模倣しています。頭の中では、記憶を再現するというとても高度なことが行われているわけです。

子どもは模倣で賢くなるというのは、脳科学の領域では豊富なエビデンスによってすでに定説となっています。たくさんの親子を見てきた私たちも、そう感じています。

生活にないことは真似できない

「うちの子、ぜんぜん本を読まないんです」と相談される親御さんのなかには、ご自身があまり本を読まないケースが少なくありません。親御さんに読書習慣がないのに、子どもにだけ読書習慣をつけさせようというのは少々虫がよすぎますが、子どもにとっていいことを親はすべて実践していないといけないかといえば、そんなことはないでしょう。親は何でも知っていて、いつも正しいことを行っていなければならないなどというのは不可能なことです。

ただ、生活のなかで子どもが日常的に見たり知ったりする機会がない事柄は、真似ることができないことは知っておくといいでしょう。それを知ったうえで、お子さんに経験させたいことがあれば、機会を得る工夫をしていけばいいのです。

親御さんに読書習慣がない場合、新聞を一緒に読んでみるという手があります。もちろん小さな子どもに新聞は読めませんが、子どものそばでおもむろに新聞を広げ、わざと声に出して読んだり、「へぇ〜」「知らなかったなぁ」などと独り言を口に出したりすると、子どもも関心を持つでしょう。そこから子ども新聞の購読へつなげることもできそうです。

おでかけや散歩のついでに、図書館へ寄る習慣をつけるのも一つの手です。図書館に行くと自分と同い年ぐらいの子が本に夢中になっていますから、刺激を受けます。

このように、これから習慣づけたいことは工夫しながら取り入れ、**基本的には親御さんが得意なことや好きなことを子どもと一緒に経験していきましょう**。料理、DIY、スポーツ、自然観察、観劇、どんなことにも小学校の勉強につながる学びが含まれていいます。親の趣味に子どもを巻き込んでいくくらいでいいのです。

中学受験期の親御さんは趣味の継続を

中学受験に臨むご家庭の場合、お子さんの受験勉強が始まる3、4年生になると自分の趣味をすべて中断されるケースが少なくありません。子どもの勉強を見る時間を確保しなければいけないという現実があり、また、子どもが勉強に勤しんでいるのに、親が趣味に時間を使うことに罪悪感を覚える方もおられるのでしょう。

とくにお母さんが塾の送り迎えやお弁当づくりの役目を担うことも多く、確かに趣味を中断せざるを得ない状況になることもわかります。しかし、親が楽しみをすべて我慢して子どもの勉強に懸けるということになってしまうと、子どもへの当たりが強くなりがちです。

むしろ一つか二つの趣味は残しておき、受験勉強が本格的になるまでの間はお子さんとコミュニケーションを楽しむ時間にしていただけると理想的です。それが、親子でご機嫌に過ごすコツにもつながります。

2・5

おやつのあげ方にも理系に育てるコツがある

教えようとすると子どもは敏感に察する

親の振る舞いや行動だけでなく、親が口にする言葉も真似ながら、子どもは語彙や言い回しを増やしていきます。それだけに、子どもは親が発する言葉に敏感です。

たとえば、おやつにクッキーをあげるとき、数の勉強のチャンスとばかりに「いくつあるかな？」と尋ねたとします。親のほうにこうした「学ばせたい」「覚えてほしい」という下心があると、子どもは必ず察します。

そこで親御さんが意識しておくといいのは、**「楽しげに何かをする」**ということです。おやつの例でいうと、「今日のおやつはクッキー3つね、ひと〜つ、ふた〜つ、みっつ〜♪」と、聞かせてあげるような、オリジナルの歌でも歌うような、そんな遊び心でやってみると子どもが真似したくなります。親が楽しそうにしている様子を見て、子どもの気分がアガるからです。

そのタイミングで一緒に「ひと〜つ、ふた〜つ、みっつ〜」と数えたり、「お母さんはいくつもらえる？」などと尋ねるようなかかわり方をすると、子どもに悟られずに数遊びに引き込めるというわけです。

数でも言葉でも教えようとして実際に教えてしまうと、子どもはとたんにつまらなくなってしまいます。**子どもにとっては、ふとしたときに見聞きすることのほうがおもしろく、興味を引かれます。**

理系に育てたいなら「なぜなんだろうね？」

興味の対象が増えていくと、子どもの「なぜ？」も増えます。先にお話ししたように、子どもの「なぜ？」は理系的思考の始まりで、この「なぜモード」をアップさせたいとき大切になってくるのは親御さんの声かけです。

「なぜ？」という疑問は思考によって生まれます。しかし、**習慣から生まれやすくなる**ということもあるのです。

親御さんが頻繁に「なぜなんだろうね～？」と、子どもに聞かせるようにつぶやいていたら、知らず知らずに子どもも真似るようになります。

親のつぶやきにつられて子どもが「なぜだろうねー」と返したとしたら、そこで終わってけっこうです。もちろん、「帰って図鑑で調べようか」「スマホで検索してみるね」という具合に先に進むのもおすすめですが、**まずは親子で「なぜかな」「不思議だね」と話す機会が日常のなかにあることが大切**です。

何かを見たり聞いたりしたら常に「なぜなのかな？」と考えてしまうような思考の習慣は、親と子のかかわりのなかで育むことができます。成長とともに知識が増え、思考レベルが高まっていくと、「なぜ？」が因果関係を考えるきっかけになることがわかってくるでしょう。幼少期の「なぜ？」の習慣は、将来の論理的思考力の基盤になるのです。

「なぜなんだろうね？」は、子どもを理系に育てるための最強の声かけといえます。

むしろ子どもに教えてもらうスタンスで

そして、「なぜなんだろうね？」の後に「知りたいよね〜」と親御さんがつぶやいたとします。その謎を解き明かそうと、お子さんが自分から図鑑や本を開いてくれるようになったら、これはもうハッピー以外の何ものでもありません。

ただ、かなり上級テクニックになりますので、まずは「調べてみようか」と一緒に図鑑や本を開いてみます。その際、「わかったら教えてね」「いい情報見つけたら知らせてね」と、子どもを教えてくれる側、つまり、先生役に見立ててみるのです。

生活のさまざまな場面で、どんなささいなことでも、親御さんが「知りたいな」という雰囲気を見せていると、この声かけは生きてきます。当然ながら、いきなりやらせようとしても、それも子どもは察してしまいます。

理系分野に限らず**学ぶということは、「知りたい」「詳しくなりたい」といった動機があってこそ楽しみに変わります**。勉強が子どもにとってつらく苦しいだけのものにならないようにする声かけのコツは、「お母さんも知りたいな」「お父さんにも教えて

子どもを理系にする声かけ

なぜなんだろうね？

知りたいよね

調べてみようか

わかったら教えてね

ね」といえるかもしれません。

とくに理系の芽がある子は、小さい頃から好きな分野をとことん突き詰めたり、調べ尽くしたりすることに喜びを見いだす傾向があります。

親御さんが「知りたい」「教えて」と言ってくれたら、どれほど励みになることでしょう。

子どもが安心できるなごやかな関係とは、こうしたかかわり方から生まれてきます。

第3章

理系の土台を固める！就学までの最高の準備・残念な準備

1分でわかる！ 第3章

理系に育てるのに大切なのは、小学校へ上がるまでの先取り教育ではありません！　かといって、何もしなければ子どもの「数の感覚」や「理科的なものへの好奇心」は育ちません。

こうした感覚や好奇心は、ある日突然身につくものではないからこそ、就学までの時間の過ごし方、家庭での取り組み方が、理系力格差を生むのです。

理系にまつわる3つの誤解

1

3桁、4桁まで余裕で数えられるから、うちの子は数がわかっている

2

算数はドリルやプリント学習から始めるのが一番

3

女の子だから図形が苦手

子どもを
ダメにする
親のNG行動

折り紙、かくれんぼ
など子どもっぽい
遊びは早めに卒業
させるつもり

買い物はすべて
キャッシュレス

「鳥さんいるかな?」
など、今のわが子に
理解できる言い方の
日常会話を
心がけている

すべり台やジャング
ルジムといった危険
をともなう外遊びは
禁止している

3-1

まずは指を使って一緒に10数える

数の数え上げは暗唱するように

本章から、理系に育てるための具体的な学習についてお話ししていきます。

まずは、理系の学習の基礎の基礎であり、小学校へ上がる前に習得したい「数」から始めましょう。

数に親しんでいくプロセスの最初は、**数の数え上げ**です。みんなここから始まります。3歳くらいになれば自然に数を数える機会が訪れるでしょうから、それほど構える必要はなく、親御さんが「1、2、3……」と数えてあげればいいのです。

歌を歌ってあげるようなイメージで「1、2、3……」とやっていると、子どもは真似をします。親を真似て声を合わせながら暗唱するように数を覚えていくのが、ごく一般的な数の入口です。

湯船で「10数えたら出ようね」と親子で一緒に数えるなど、生活のなかで機会を見つけながら、まずは10まで数えられるようになることを目指しましょう。そして、暗唱と同時に指折り数えることを教えます。

指は子どもにとって一番身近な「道具」ですから、指を使うことで「10まで数えられる」とわかると、数えることが好きになっていきます。

お風呂やリビングに貼れる数字ポスターなど、便利グッズも利用してください。

10を超えたら歯抜け状態でもどんどん先へ

10までは、指を使えば実感を持って数えられます。しかし、10を超える数は子どもにとって未知の世界です。

後で詳しくお話ししますが、指を折りながら確実に順番を追える数え方は、小さな子どもにとってとてつもない安心感があります。裏を返せばその分、指が使えなくなる11以降は、実感がともなわないためイメージしづらくなるのです。

では、11以降をどうするかというと、これも10までと同様に、「11、12、13……」と暗唱を続けていきます。ただ、小さな子どもは「11、12、13……」という数の並びが、「1、2、3……」の繰り返しだとすぐにはわからないのが普通です。暗唱でせいぜい20くらいまでしか覚えられないとしても、そこはできるところまででいいと思います。「にじゅう」の後がモゴモゴしたり、歯抜けで25に飛んだりしても気にしなくて大丈夫です。

数の覚え始めの暗唱の段階では、子どもはどんどん先へ進みたくなります。耳から入った言葉をそのまま暗唱して数を覚えていく過程ですから、**覚えた言葉を使ってみたいという気持ちを優先させてあげることが大事**です。

さらに大きな数になり「30」「40」と言った次に60に飛んで50が抜けたり、急に100や1000に飛んでもけっこうです。100や10000という言葉は知っていても、順番がわからないため、たとえば「百二千一番です」「二千三万三十円になります」などと、でたらめ数字が遊びのなかで出てきたときも、正しいことを教えようとする必要はありません。

100や1000などいろいろな大きさの数を知っていくと、50や500が抜けていることに気づくなど、隙間が埋まっていく感じで数を習得していけます。**最初は歯抜けやでたらめでも、小さな数から大きな数までだんだんつながっていきます。**

数え方のバリエーションで遊ぶ

親御さんは、数え方のバリエーションを持っておくといいでしょう。

10から9、8、7……と下がっていく「数え下げ」、親子で交互に数える「順番数え」、少々難度が上がりますが偶数あるいは奇数だけを数える「飛び飛び数え」など、いろいろな数え方があります。

子どもにとって大きな数まで数えられるということは達成感がありますから、「とにかく千（万）まで」と、一緒にトライする方法もあります。

数を数えるのは勉強ではなく楽しい遊び。そんなふうにお子さんが思えることが、数字好き、算数好きへの第一歩です。

3-2

少しでも早く身につけたい二つの「数の感覚」

数の「順番」の理解は簡単ではない

10までの数の覚えはじめの頃、子どもは、1、2、3……と数えながら、7あたりになると「次は8だっけ……?」と、実はちょっと不安になっています。

すでに数を覚えてしまった私たち大人にとって、数の「順番」は揺るぎないものですが、子どもの場合は違います。まだ数に親しんでおらず、実生活で数を使った計算もしたことがない年齢の子にとっては、**数を正しい順番で数えるということ自体が容易ではない**のです。

前項目でも触れたように、10まで数えられるようになった子の最初のハードルが11

以降の数です。どうしてそれがハードルになるかというと、10の位の数字が変わっても1の位は1から9までの繰り返しだということが理解できていないからです。だから、「12、13……」で詰まってしまったり、「17、15……」などとおかしなことになります。

数を覚えるということには、まず、**数の「順番」の理解が必要**です。そのための最初のアクションが暗唱になるわけですが、その他にも親御さんからさまざまな働きかけができます。

たとえば、バス停に並んでいるとき「○○ちゃんは前から何番目かな?」、絵本を読みながら「リボンをつけたクマさんは右から何番目?」（左右がわかる場合）と聞いてみます。

数え方がわからないようなら、最初は一緒に数えてあげます。

数字カードを利用する方法もあります。10の位の数だけを出して数の小さい順番に並べ替えるとか、カードを「11、12、17、14、15」の順に並べておいて、順番どおりになっていないところはどこでどのカードを入れれば正しい並びになるか考えさせるなど、実際に数字を目にしながら数の順番の理解を深めていきます。

こうやって数に親しみながら、10の位の数字が増えることで数が大きくなっていくことがわかり、数の順番がサイクルであるという重要なポイントが子どもの中へ染み込んでいくのです。

意識して育てたい「個数」の感覚

数の順番と同時に、数の感覚を育てていくうえで欠かせないのが**「個数」の感覚です。個数とは、数を序列ではなく、量として捉える感覚を指します。**

おはじきや石ころなどを「1つ」と言って「1個」取る、「2つ」と言ってまた「1個」取る、「3つ」と言ってもう「1個」取る……とやっていきます。当たり前のことですが、1つ取ったら手元に1個です。2つ目で2個になり、3つ目を取ったら手元には3個あります。

目で見て「3個ある」とか「5個ある」とわかり、5個のほうが多いと認識できるのは、大人にすれば簡単なことです。しかし、それは個数が「量」を示すということが理解できているからこその感覚で、その感覚が小さな子どもにはまだよくわかっていないことが多いのです。

以前、2年生の子を教えていたとき、「3＋5」という繰り上がりのない単純な足し算で首をかしげられたことがあります。これは困ったことだと思いましたが、しばらく様子を見ているうちに理由がわかってきました。

その子にとって、3は3番目の数字という意味のようでした。1、2、3……と数えたときの3番目に来ることを示す、いわば記号です。もっといえば、3と5は3が前で5が後に来るという順番の感覚だけで数字を捉えていて、3と5のどちらが大きい量であるかがピンと来ていないのです。

「個数」＝ボリューム感＝量感

驚かれるかもしれませんが、低学年でこの状態に近い子は少なからずいますし、学年がもっと上がってもたまにいます。こうした子たちは、もちろん大きな数まで数えられるのですが、**数をボリュームで捉える「量感」が育っていない**のです。

このようなときに私たちがどんな教え方をするかというと、3を3個の物に、5を

数の感覚

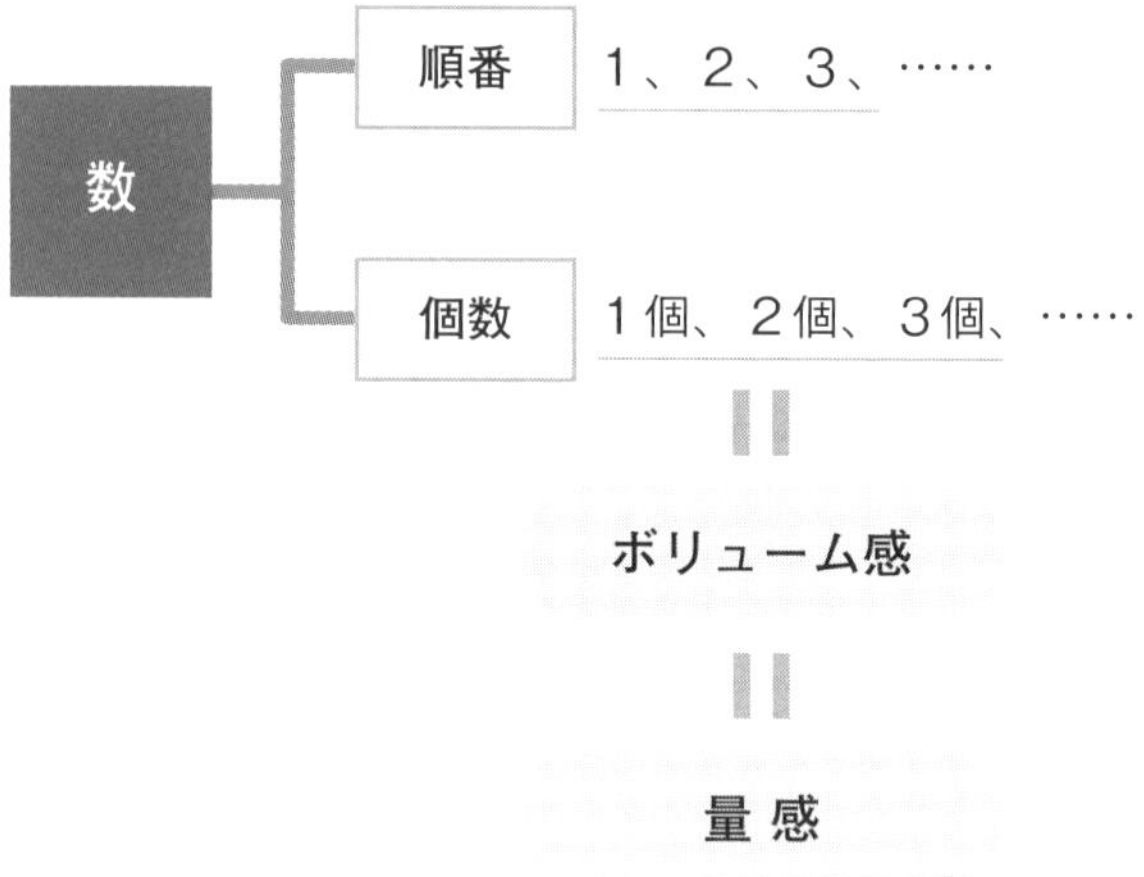

5個の物に、机の上で実物に置き換えて見せます。「ここに3個あって、ここに5個あったら、足し算だから、合わせると?」というふうに、3個や5個といった個数の感覚を徹底的に体感させます。
さらに、「3と5はどっちが多い?」と聞いて、数えた数字と実際の物の数の関係を個数の感覚として養っていきます。そして、数の「量感」を養っていきます。
この「量感」を小さい頃にたっぷり体感しているかどうかが、実は算数の得意不得意に深いところで影響を及ぼしています。

3-3

ペーパー学習の繰り返しだけでは数の「量感」は育たない

プカプカ浮くアヒルが教えてくれること

数の「量感」を育てるためには、どんなことが効果的なのか。一番おすすめなのは、お風呂で浮かばせて遊ぶアヒルのおもちゃです。アヒルを1個、2個、3個とつまんで手元に引き寄せたら、アヒルはプカプカと浮いて自由にあちこち動きますね。ですから、1番目のアヒルがどれで2番目や3番目がどれか、数えた順番はわからなくなりますが、「アヒルが3個ある」という数のまとまりとして捉えることができます。

数の順番と個数が、別のものとして認識されやすくなるのです。

これがおはじきだと、数の順番と個数の関係が曖昧になってしまいます。おはじきは勝手に動いたりしないですね。だから、1番目につまんで置いたおはじきはずっと同じ場所にあり、1番目のおはじきと1個のおはじきが同じおはじきで示されてしまいます。2番目、3番目につまんで置いたおはじきももちろん動きませんから、置いた順番がわからなくなることはありません。

おはじきに限らず動かないものを使う場合、数を数える練習にはなりますが、「量感」を育てるという視点では充分とはいえないのです。

個数の概念は、大人が思っている以上に**子どもにとっては腹落ちするのに経験と時間が必要**です。たとえば、ミカンを「1個、2個」と数えるとき、大きいミカンも1個ですし、小さいミカンも1個です。しかし、小さな子どもは頭の中で、「大きさが違うのに同じように数えていいの?」といった疑問でモヤモヤしていたりします。

お子さんの**「量感」を育てていくには、**数を数えるときに「1、2、3……」という順番だけでなく、「1個、2個、3個……」という**個数を意識していくことが大切**です。そして、数を覚えるためのポスターなども数字だけではなく、1は花が1個、2はミカンが2個というふうにイラストで示され、物の個数が目で見てわかるものを選ぶことをおすすめします。

もうアヒルで遊ぶ年代じゃないという方は、以降を読み進めるとヒントがあります。

「〇っていう数はだいたいこれくらい」という大切な感覚

数の「量感」が十分に育っていない子のなかには、高学年になっても足し算で無意識に指が動く子がいます。私たちがこれまで会ったなかで一番遅かったのは6年生でした。そばで見ていると、簡単な繰り上がり計算のとき、指が動かないまでも頭の中で数えているのが伝わってきます。

中学受験を目指す子にも、そういうタイプはいます。一見すると、計算も他の子たちと同じようにそこそこできるのですが、実は頭の中で数えています。8＋7と言われたら瞬時に15と出てくるのが当たり前な子たちのなかで、その感覚が希薄なため、みんなと同じスピードになるように数えているのです。「9、10、11、12、13、14、15」と素早く7回数えるというのは、ものすごく骨が折れることです。

なぜそうなるのかというと、数字と数字を足すとき、子どもからすると、指を使わないまでも数えたほうが確実だからです。それをいったんアヒルに置き換えて、「ここに8匹いて、こっちに7匹いる」という個数のまとまりとして捉え、「両方を足したらだいたいこれくらいだろう」という「量感」をともないながら自分の頭の中で考えていけるようになるには、けっこうな思い切りと勇気が要ります。

そこを自然に思い切れるようになる子となかなか思い切れない子の違いは何かというと、**小さい頃からどれだけ実物を使った数遊びや勉強をしてきたか**に尽きるでしょう。**「○っていう数はだいたいこれくらい」という感覚を育てることが、この年代で最も大切なこと**です。

数えるのが得意なのと、個数の感覚が育っているかは別もの

小学校の算数でお子さんがつまずき始めたとき、よく親御さんが「数えられるから数をわかっていると思っていました」とおっしゃいます。

私たちの感触でいうと、こういうタイプの子は、小さい頃から数に親しんでこなかった子よりもむしろ、早くから計算塾に通っていた子が少なくありません。

数を覚えてすぐ計算塾に通い始め、足し算のプリントをたくさんこなしていると、

地頭がよかったり飲み込みが早い子ほど、早々に解き方を覚えます。「3＋5」という式を見たら、「3」と「5」が「＋」でつながっていたら答えは「8」という具合に、「3」や「5」や「＋」をまるで記号のように捉えるようになります。繰り返し学習するなかで「こうすれば丸がもらえる」ということを学ぶわけです。

プリント学習には、プリント学習のメリットがありますが、理系に強い子に育てたいなら、それと並行してご家庭で「量感」を育てる工夫が必要です。数を数えることや計算を単に作業としてこなしていく習慣がついてしまうと、プリントでは100点がもらえるけれど、教科書の発展問題などが解けないということが起こります。

数を数えられる、計算プリントもこなせる、数に触れるのが好きみたい。そうなると、何の問題もないように感じられますが、親御さんとしては**身体感覚をともなう数の遊びや練習を習慣化し、**いつまでも疑り深く、**お子さんを観察していてあげてほしい**と思います。力を入れる方向性を間違うと、理系の道からどんどんはずれていきます。

その子の数の感覚がしっかり育っているかどうかは、外からはなかなか見えづらいものです。しかし、それはいつか露わになり、ふとしたことでつまずきます。それが、次項目でお話しする、小学生の算数の最大ミッション「10の補数」の感覚です。

3
4

5歳までに「10のかたまり」を徹底的に

「10の補数」の理解こそ幼少期の最大ミッション

多くの人は、「6」と言われたら、なんとなく「4」が思い浮かびます。「3」なら「7」です。これを**「10の補数」の感覚**といいます。1年生の算数のメインテーマは、「10の補数」の理解です。

10の補数の感覚がしっかりできあがると、「18」と言われたら、「100にするには82」とすぐに思い浮かぶようになります。18の1の位の8と2が対応していて足したら20になるから、残り80だというのが体感的にわかるのです。

数字が3桁になろうが4桁になろうが同じです。「333」には「667」という

「10の補数」の感覚

1 —— 9

2 —— 8

3 —— 7

4 —— 6

⋮

具合に数字が浮かんでくるわけです。

こうした10の補数に基づく感覚が希薄な子は、いわゆる数字に弱いタイプであり、算数があまり好きではないタイプです。この感覚を学ぶことを避け続け、スルーしてきてしまった子は、2年生あたりなら3割ぐらいはいます。

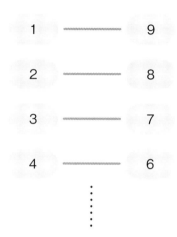

高学年になっても指が動いてしまうという状態にだけは陥らないように、お子さんとどんなふうにかかわればいいかを知っておくといいでしょう。

やり方としては、おはじきやミカンなどなんでもいいので物を並べて、「こっちに7つ、こっちに5つ。7つのほうに3つ寄せたら10個になったよね」と、

「10のかたまり」を目でわかるように見せます。この感覚は、理解するとかそういうレベルではなく、**身に染みつくまでやるということが肝**です。

そこでぜひおすすめしたいのが、手を使った遊びです。お母さんが手の指で3を出したら、お子さんが7を出して、合わせて10にします。

これは、親子だからこそできる間合いの遊びなんです。自転車にお子さんを乗せているときに、突拍子もなくお母さんが「3」と言ってみる。家族でドライブ中にお父さんが仕掛けてみてもおもしろいですね。

子どもにとって想定外の状況で突然くり出せば出すほど、瞬間的に反応できるかどうかがわかります。**パッと感覚的に子どもが反応できるというところまで繰り返し繰り返し、できれば低学年の間はやってみてください**。

子どもを叱った後の空気の切り替えに、「2！」とピースサインを出して見せれば、むくれたりシュンとしていた子どもの機嫌が直るきっかけになるかもしれません。偉そうに口答えをしたときに、あえてクールに仕掛けてみるのもありでしょう。子どもが油断しているときにこうした仕掛けをできるのは、親御さんの特権です。しかもお金をかけず、無限にできる、知育玩具に勝るお得な遊びです。

ブレイクスルー体験のない4年生の悲惨さ……

1年生の算数の教科書には、こうした「10の補数」の感覚を定着させるためにさまざまなアプローチがなされています。1パック10個の卵とパックに7個だけ卵が入っている写真を見せて「かずをかぞえましょう」。「12は10と□」「16は□と6」などの問題に「□にかずをかきましょう」。こんなふうに、「10のかたまり」の感覚を徹底的に学びます。

「10のかたまり」の感覚、つまり、10の補数の感覚をつかむことができて算数が得意になっていく子は、「10って便利だな」と感じています。多くの子は、「10ってなんか大事なんだな」くらいかもしれません。しかし、いずれにしてもそこで**数のブレイクスルー**が起こっています。

このブレイクスルーが、将来の**10進法の理解へつながります**。これはとても大切なことで、ブレイクスルー体験がないまま曖昧に進んできた子の場合、単位換算で大きくつまずくことが多いのです。

おどすわけではありませんが、「そもそも10の補数がちゃんとわかっていないのかな？」ということは外からは目に見えにくいため、親御さんがそのことに本当に気づくのが4年生の単位換算の頃になってしまいます。

中学受験を目指す子の場合は、2進数が出てきたときに、ラクラクついていける子とまったくわからない子にくっきり分かれます。2進法でもう一度ブレイクスルーを迎えられるかどうかが、灘中学や御三家など最難関校に合格できるかどうかの重要な分岐点です。

小学校に上がるまでに「10のかたまり」の感覚が養われていたら、学校の算数の勉強はとても楽しいものになるでしょう。そして、得意科目になる可能性も高まります。

3-5 1年生の算数が盤石になる「実物遊び」

小銭を使って駄菓子屋さんごっこ

数の理解を確かなものにしたいなら、保育園・幼稚園の年中さんか年長さんでやるといい家庭の遊びがあります。それが、硬貨を使った駄菓子屋さん遊びです。ポイントは、**実物のお金を使う**という点です。

キャッシュレスが推奨される昨今、昔のように子どもが小銭を握りしめて駄菓子を買いに行くというような機会は消滅してしまうかもしれません。大人も現金を使わなくなっていますから、子どもはお店やスーパーで現金のやり取りを目にする経験すら減っています。また、衛生上の理由から触らせないようにしているというご家庭も増えているようです。

しかし、物の金額というのは、本当に数のいい勉強になります。そこで、まず家にジャラジャラある小銭をまとめます。そして、子どもに好きな駄菓子をいっぱい買ってあげてください。チョコやクッキーのアソート大袋菓子を多種類購入し、セレクトさせてあげるのもいいでしょう。

さて、遊び方ですが、イメージはごく普通のお店屋さんごっこです。たとえば、「全部1個5円です」ということにしてお菓子に値段をつけ、子どもにその日のお小遣いを渡します。30円でも100円でも、お子さんがわかるだろう範囲の数字であれば金額はいくらでもいいのですが、最初は1円玉だけで。慣れてきたら、1円玉、5円玉、10円玉を混ぜていくのがコツです。

「1個」と「5円」の違いがわからないワケ

お菓子1個5円として、子どもが1個買うとします。「1個」が「5円」。まずこれが、小さな子どもには最初よくわかりません。「1」が「5」と同じってどういうこ

「実物遊び」で数字と向き合う

とだろう？と不思議に感じるのです。

そこで一番はじめは、お菓子を1個置いて、その下に1円玉を5個並べます。2個買うときは、その下にまた1円玉を5個並べます。

こうやっていくと、「1」はお菓子の個数で、「5」は金額だとわかり、2つの数字の区別がついていきます。

私たち大人は「1個が5円」ということがわからないという地点に戻ることはできません。だから、しつこいようですが、**子どもがわかっているように見えても、手をかけ時間をかける必要があるのです。**

小学校に上がるまでに、「10円を出し

て、8円の物を買ったら、2円のおつりが返ってくる」というぐらいまで理解できるようになれば万々歳です。

最初は子どもがわかっていない様子でも、「これ8円だから、10円ちょうだい。2円おつりね」と、形からのスタートでいいでしょう。しかし、「10円を出して、8円って言われたら、2円返ってきた」という経験を繰り返すうち、「10円と8円と2円」の関係がセットで把握できるようになります。つまり、10の補数の勉強をしていることになります。

さらに、「10から8を引いて2」というのは引き算の勉強です。それと同時に、「8と2を足したら10」という足し算の勉強もしています。

こうした実体験があると、1年生になって足し算を習ったときに遊びの経験を糧にして学習を積み重ねていけます。就学してからも家庭で繰り返し、時間をかけてほしい数の勉強の基本です。1年生で100円玉まで使えるようになったら、学校ではかなり算数ができる子になっているはずです。

家にあるものをご家庭なりに工夫して

この遊びのいいところは、実益がありながらとても安全な点です。お金のやり取りで間違ってても子どもが怒られることはありませんし、誰にも迷惑がかかりません。

そして、実際のお金を使うことで、物とお金の交換で世の中が動いていることや、お金が足りないと欲しくても買えないものがあること、逆にお金があっても物がなければ買えないことなどが実感でき社会勉強にもなります。

実物を使うからこそ数の感覚が磨かれるのですが、硬貨を用いることに抵抗がある場合は、おはじきで代用できます。青は1円、赤は5円、白は10円といったルールを決めればいいでしょう。お菓子を鉛筆や消しゴムなどの実用品に替える手もあります。

ただ、子どものテンションが上がる物を使うほうが効果が発揮されるのは間違いありません。「これで何が買えるかな?」「いくらいるのかな?」と、**子どもが自分事として数字に向き合う機会を増やせる**からです。実物遊びの意味はそこにあります。

ご家庭の方針に合わせて、工夫していっていただければと思います。

3-6

言葉の理解が広がれば数の苦手意識は小さくなる

リンゴがナシに替わると文章問題が解けない!?

子どもが数について理解を深められるのは、ここまでお話ししてきたようなご家庭での遊び方や学び方の習慣が基盤にあってこそです。しかし、就学以降の算数に対応できる力を確かなものにしていくために欠かせないものがあります。

1章でも詳しくお話ししましたが、理系に強くなるために必要な**論理的思考力には、「数の理解」と「言葉の理解」が必要**です。算数で最初につまずくことが多いのは文章問題ですが、数の理解でつまずいているというよりも、実は言葉の理解でつまずいているケースが少なくないのです。

ある5年生の子は、リンゴやミカンの文章問題は解けましたが、それがナシとイチゴに替わったら解けませんでした。

なぜそうなってしまうのか。「リンゴ3個とミカン2個を足す」と書かれていたら問題なく解けます。しかし、「足す」が「合わせると」「全部で」といった表現に変わるととたんにわからなくなるのです。

4年生くらいでこういう子は意外に多いのですが、5年生でこの状態というのは珍しいケースでした。それに、リンゴもミカンもナシもイチゴもすべて果物で、同じように「個」で数えるものが混乱してしまうのは非常にレアケースといえます。

数える単位はとても重要で、「何個」から「何羽」に変わったら「羽」が個数を示す単位とわからず、解けなくなる子はもっとたくさんいます。

引くと書いてないけど「引き算」だとわかる感覚

2年生くらいの子の親御さんから、「計算が得意だったのに、計算塾へ行き始めてから算数の成績が伸び悩んでいます」という相談を受けることがあるのですが、そういう子を注意して見ていると、算数が伸びないのは計算塾へ通ったことが原因ではないことがはっきりとわかります。

引き算でも似たような例がいくつもあり、「小鳥が10羽います。3羽逃げました。何羽残っていますか？」と問題文にあるとき、「逃げる……って？」となるのです。これが「10－3」と書いてあれば計算できますが、「逃げる」＝「引く」が結びつかないのです。

なかには、「何羽残っていますか？」という文章の最後だけを見て、「います」と堂々と答える子は低学年ではけっこうな数がいます。

教科書や問題集をよく見ていただくとわかるのですが、文章問題は「増えると」「減ると」、「足りないのは」「残りは」など、さまざまな表現がなされています。

1年生の算数の学習で重要なのは、「足すって書いてないけど、これは足し算だよね」「引き算しろってことだよね」と、子ども自身が自分の感覚でわかるようになることです。

ですから、お子さんが文章問題でうんうんうなっている様子を見て、「これは、10－3ってことでしょう？」などと肝心なところを先走ってしまうと、考えるヒントになるどころか学びのチャンスをふいにしてしまっていることを、知っておいていただきたいと思います。

小さいうちから実物と名詞を対応させる

ノウハウとして、「小鳥が10羽いて、3羽逃げちゃったってことは、3羽どこかにいなくなっちゃったんだね」「数が減ったのかな?」「じゃあ引き算だよね」というふうに、「逃げる」=「引く」が結びつくような会話をしてみるといいでしょう。

このように、**言葉を使って考えることを習慣づけるにも、親御さんからの問いかけがやはり大切**なのです。

そして、語彙を増やす工夫をしていきましょう。実践ポイントは三つです。

一つ目は、小さいうちから実物と名詞を対応させることです。「9月になってナシの季節だね」など、買い物や散歩で見かけた物の名前を意識して会話に登場させます。

二つ目は、数を数えるときにいちいち単位をつけることです。「ゾウが2頭」「トンボは匹でもいいけど頭もあり」「イスが4脚」など、物の数え方に違いがあることを

語彙を増やす3つのポイント

1 実物と名詞を対応させる

2 数を数えるときに単位をつける

3 「子どもにはわからない」と決めつけずに、いろいろな話を聞かせる

伝えていきます。

三つ目は、子どもにはわからないだろうと決めつけずに、いろいろな話を聞かせてあげることです。

わざと難しい言葉を使った後に、「それって○○って意味だけどね」とさりげなく「通訳」します。一つのものごとを示すのに、いろんな言い方があることがわかってきます。

「言葉の理解」を高める機会は、日常のなかにたくさんあります。

3
7

リンゴを丸に置き換えるイメージ思考の大切さ

言葉の理解の先にある「抽象化」という知力

前項目で、リンゴがナシに替わると文章問題が解けない5年生の子の例を挙げました。このようなとき、私たちが子どもたちにどう教えているのかをここで紹介したいと思います。

何をするのかというと、まずリンゴやナシの絵を描くのです。

このとき、「先生、絵が下手なんだよね」とか「今日はあまり時間がないから」とかなんとか言って、「これ、丸だけどリンゴの意味ね。ピュッと枝を1本生やしておくね」と、リンゴに見えないリンゴのような丸を適当に描きます。

「具体」から「抽象」へ

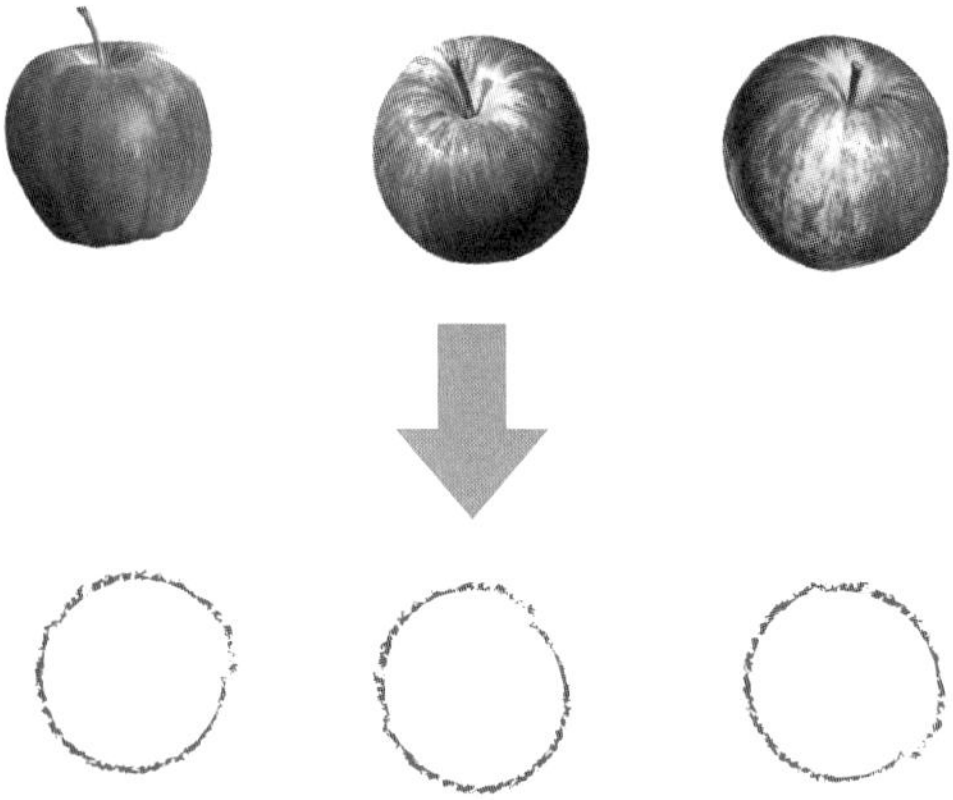

小さな子どもたちの頭の中では、リンゴは丸くて赤くてピカピカしています。幼児用のドリル、小学校の教科書、小学生向けの問題集など、どれもリンゴといえばそのような姿です。

子どもが頭でイメージしているその固定観念から、なんとかして離れてもらう作業を行うのです。少々難しい言い方をすると、**「具体」から「抽象」へ、概念を移行させる**のです。

例に挙げた5年生の場合は、これを何十回かやったところで、リンゴもミカンもナシもイチゴもみんな、丸みたいな形になっても数え方は同じと、頭の中でつながったようでした。

リンゴやナシの絵ではなくただの丸でも受け入れられるようになり、抽象化に対応できるようになっていくと、リンゴ5個は数字の「5」に、ナシ3個は数字の「3」として頭の中で認識されます。すると、「足し算をすればいいんだな」とシンプルに考えられるようになります。しかし、リンゴがリンゴのまま、ナシがナシのままで頭の中に存在していると、何をどうすればこの問題が解けるのかわからず、こんがらがってしまうのです。

ドリル学習にひと手間かける

親御さんが小学生の頃、こんな先生がいませんでしたか。「この問題では子どもが3人出てくるね。はい、これ子どもね」と言って、黒板に雑に丸を3つ描く。すると生徒のなかに「子どもに見えないよ～!」「先生、ヘタクソ～」と文句を言う子がいたものです。

先生はおそらくわざと、「それ子どもに見えないよ～」という経験をさせて、抽象的に理解する力を伸ばそうと考えていたのでしょう。これは、ご家庭でも真似できるテクニックです。

年齢の早い段階で抽象的なものの見方や捉え方ができるようになれば、算数という科目の理解はぐんぐん進みます。理系への道も開かれやすくなります。それで親御さんはたくさん問題を解かせることをよしとしてしまうのですが、まだ時間がたっぷりある幼少期こそ、たくさん解かせることよりも、一つひとつの学習に手をかけてあげてほしいと思います。

ドリルをたくさん与えるだけか、そのドリルでどんなことを学ばせたいのか・どこが大事なのかを認識したうえで与えるかで、お子さんの学びは大きく変わってきます。

その点でいえば、各問題に「ねらい」と「指導のポイント」が解説されている『小学校で伸びる子ドリル』（受験研究社）は、おすすめできる教材です。

親御さんが解説に目を通したうえで使うと、効果が倍増することは言うまでもありません。

3-8

「△探し」「○探し」遊びが図形感覚の発達につながる

図形の名前を日常で「聞かせる」

算数の学習で、数に続いてボリュームを占めるのが図形です。小学校の教科書では、1年生の最後のほうで三角形の形を問う単元があります。

この時期までに、三角形、四角形（正方形、長方形）が身体感覚でわかっていて、「そんなの簡単だよ」と自信を持って言えるくらいになっていることを目指したいところです。

図形は数に比べると日常で感じるチャンスが少ないため、**さまざまな形に触れる遊びを意識することが学びの入口になります。**

丸、三角、四角の積み木を同じ形をした穴に落とすような、乳幼児用のおもちゃで遊ばせた方も多いでしょう。穴の形に合った積み木を見て選び、それを手に取って穴から落とすという単純な遊びの繰り返しのなかで、子どもは物の形を知っていきます。何気なく遊んでいるように見えて、こうした**「見る」「触れる」ということが図形感覚を養っています**。

そして、「見る」「触れる」にプラスして、とても大切なのが**「聞く」**です。

三角形や四角形という言葉を、1年生で習うときに初めて知るというのではちょっと遅いですね。それまでに耳で聞いて言葉として知るチャンスを、たくさんつくってあげましょう。

たとえば、コンビニでおにぎりを買うときに、親御さんが「このおにぎり買おう」ではなく「この三角おにぎり買おう」と言ったり、おやつのとき、「丸いクッキーだね」「四角いチョコだね」とひと言つけ加えることを繰り返していきます。するとしだいに、**図形とそれを示す言葉が子どもの頭の中で合致していきます**。

物の形も数と同様、ペーパーベースの学習から入るのではなく、**生活のなかで実物を用いて身体感覚をともないながら身につけていくほうが近道**です。

どんな物がどんな形？

散歩やおでかけは、図形探しの絶好の機会です。「屋根が三角形に見えるね」「公園の花壇は四角形だね」など、物の形に意識を向ける声かけは無限にできます。

こうした会話が日常にあると、大きくなるにつれて子どもは自分で図形に関心をもちやすくなります。保育園・幼稚園くらいで、車のヘッドライトでもまん丸のもの、三角っぽいもの、四角っぽいものといった違いがあることに気づき、街中の駐車場に並ぶ車を見ながら、「今日は丸が1台で、四角が3台」などと観察して楽しむようなことを始めます。

そうした**遊びの経験が豊富にあると、物の形の共通点や違いを分類することが得意になり、さらには物の目的のわかる子になっていきます**。

たとえば、「マンホールはどうして丸なんだろうね？」と聞いたとします。子どもは最初「どんな形でもいいんじゃないの？」と思うかもしれませんが、「丸だったらふたが外れて中に落ちることがないよね」という話をすると、3年生くらいなら納得します。丸は直径が変えられないけど、正方形だと一辺の長さよりも斜めの長さのほうが長いから下に落ちるということが、理屈で理解できるのです。

交通標識の三角形には「止まれ」「徐行」、危険標識にはまさに「！(危険)」など、注意を促すものが多い、窓は四角が多いけど、四角じゃなかったらちゃんと開かないだろう。こんなふうに、**「なぜこの形なんだろうね？」と一緒に考えてみると、物の形への関心がさらに高まるでしょう**。

間違い探しは語彙を増やせて一石二鳥

遊びながら物の形に親しんでいくために、小さいお子さんにおすすめしたいのは**「間違い探し」**です。

間違い探しは、漠然と絵を見て、単に画像として捉えていると違いがなかなか見つけられません。「右の人のネクタイはどうだろう→あっ、左と長さが違う！」とか、「教会の屋根の右上ってなんかあやしいな→雲の形が違うね」というふうに、言葉を使うことによって場所を限定して眺めていくからこそ、細かな違いにも気づきやすくなるのです。

結局、間違い探しも言葉で考えているわけです。先にもお話ししましたが（P107）実物と名詞を対応させながら物の名前を覚えていくことで、物に対する認識が深まります。

親子で一緒に行えば、子どもは口頭で説明しようとするため、集中力も同時に養われていきます。

間違い探しは、**図形と言葉を近づけるのに最適**です。**図形に強くなるためにもいいツール**といえます。ネットで検索できますし、新聞にも掲載されていることがありますから、ぜひ親子で遊んでみましょう。

3-9

折り紙でまずは平面図形に親しむ

図形の感覚は身体感覚

図形に親しむために、昔から大活用されてきたのが**折り紙**でしょう。子どもが自分からどんどん折り紙を遊び始めるようなら、親御さんはそれを見守ってあげればいいと思います。ただ、ご自身があまり折り紙で遊ばなかったので苦手意識があるとか、そもそも理系に育てるうえで折り紙にどんないい点があるのかいまひとつわからないという方のために、少しお話ししておきます。

折り紙を対角線で折ると、四角形だったのが三角形になります。左右（または上下）から真ん中へ折り込むと、正方形が長方形になりますね。たったそれだけのことを見せてあげるだけでも、小さな子どもはびっくりします。

それを自分でやると、驚きに感動がプラスされます。折り紙を折ったり広げたりという遊びが楽しくてしかたなくなります。ですが、大人からすると小さいうちは「折る」というよりも「たたむ」感じに見えますね。子どもにとって「角を合わせる」というのは、それほど簡単ではないのです。

まず、指の動きがまだ緻密ではありません。薄い紙を指でつまんで角を合わせ、重なった部分がずれないよう押さえながら、全体の形を整えていくというのは、実に高度な手の動きを要します。

だからこそ、折ったり広げたりという遊びのなかで、角、辺、対角線、補助線、さまざまな形といった図形の感覚を身につけていくことができるのです。**図形の感覚は身体感覚とつながり、その身体感覚は将来の平面図形や立体図形の理解につながります。**

自由に折って、一部を切り落としてみる

最初は自由に折ればいいでしょう。そのうち、親御さんがツルやカブト、ヒマワリ

などを折ってみせてあげれば自分もやりたくなるはずです。ツルなどを折る遊びを通して、完成形を思い浮かべながら、一つひとつの段取りをこなす集中力がつきます。途中を雑に折ってしまうと最終的にきれいに仕上がらないから、「ここは丁寧にいかないと」といったポイントがわかり始めたらものすごくいい勉強です。

最終的に折り紙でやってほしいのは、完成した後にはさみでどこかをチョキンと切り落とし、広げたらどんな形になるのかを見る遊びです。このとき、一気に開くのではなく、一つ、二つと順々に開いて、切り落とした部分がどのような位置にどのような形の穴になっているのか見ていくことが大事です。**図形の対称性の把握に役立ちます。**ちなみに、折った紙の一部を切り、広げたらどうなるかを答えさせる問題は、中学受験の定番です。

高学年でも図形でつまずいたら折り紙を

図形の勉強は、5、6年生で本格的になります。図形が苦手な子の場合、展開図を見ながら「ここの角度とここが同じになるだろう?」と説明してもポカンとしていることが多々あります。

そういうときは、折り紙を用意して実際に折らせてみると、「ああ、なるほど」となります。その体験を時間の許す限り行ってから、問題に戻るという感じです。

たとえば、正方形を対角線で折って三角形にした展開図があるとします。「ここが折り返ってこっちに行ったんだから、折り返る前の三角形と折った後の重なった部分の三角形は同じもの」と、瞬時に理解できる子とそうでない子、納得いかない子がいるのです。

過去に折り紙でたくさん遊んだ子や折り紙が上手な子は、すっと受け入れられるのですが、遊んだ経験がない場合は、「そう言われればわかる」という段階をまず踏んだ後、じょじょに理解が深まっていきます。

図形分野の場合はとくに、「そう言われればわかる」から「すんなり受け入れられる」には別のハードルがあるといえます。「すんなり受け入れられる」段階にいくためには、中学年、高学年になってからでも折り紙で遊ぶ習慣を取り入れてみるといいでしょう。

また、タングラムのような、図形のピースを組み合わせて提示された形を作るパズルも図形感覚を養うのに役立ちます。

3
10

高い所から見下ろす体験で空間把握力アップ

立体図形の学習は屋外で

平面から始まる図形の学習は、5年生で立体へ進みます。立体図形の問題は、頭の中や実際の作図で、結局、平面図形として考えるというのが解き方の中心です。だから、最終的な解き方としては平面図形と変わりません。ただ、立体図の切り口の形を想像できないとお話にならず、そのために必要なのが**空間把握力**です。

空間把握力をざっくり説明すると、たとえば「物を上から見たらどう見えるか」が想像できる力です。上下、左右、そして遠近も含みます。立体図の切り口の形を想像するには、「ここからあそこを見たら、こう見えるだろう」となんとなくわかる力が必要になってきます。

図形に苦手意識がある親御さんの多くが、立体でつまずいたという経験をお持ちだとよく聞きます。わが子も苦手になったらどうしようという不安がある場合、まずやっていただきたいのは、**実際に空間を感じる経験をたくさんさせる**ことです。

そこで、小さいうちにお子さんをどんどん外へ連れ出しましょう。

一番やりやすいのは高さの感覚でしょう。マンションの屋上まで上ってみて、「さっき行ったスーパーが見えるね」と見下ろしてみたり、近所の高い建物から「うちはどのへんだろうね」と探したりします。

そして、別の機会に「スーパーからうちのマンション見えるかな?」と見上げてみます。「上から見るとこんなふうに見えて、下から見るとこう見えるんだ」と、**高さの違いによって見え方が変わることを経験的に理解させる**のです。こうした経験が、相対的なものの見方を育ててくれます。

すべり台やジャングルジムでも同じように経験できます。高さを変えるだけでいいので、実践しやすいのがポイントです。

かくれんぼと積み木の深い関係

マンション暮らしではないし、近所に高低差のある適当な場所がないという場合は、**ボール投げ**です。

ボールを真上に向かって投げる、斜め上に向かって投げる、ものすごく高いところに向かって投げる、あるいは高いところから投げ下ろすということをやってみるだけでも、**空間的な広がりを把握できます**。

キャッチボールをすると、ボールがどれくらいの高さで飛んでくるからどのあたりで待っていれば取れそうか、高さの感覚だけでなく**奥行感覚も養えます**。少々難度が上がりますが、フライングディスクも同様です。公園や広場など広がりのある場所へ行ったら、ボールなどでそのように遊ぶ経験をするといいでしょう。

広がりがあり、樹木や植え込み、遊具などがある場所でのおすすめは**かくれんぼ**です。小さい子どもは、うまく隠れているつもりでもだいたい丸見えです。オニ役のお父さんやお母さんがあそこにいるなら、どこに隠れればいいか。「こっちから見えてるってことは向こうからも見えているよね」「うまく隠れるには相手からも自分が見えないようにしなくてはならないんだな」、と気づけることが大事です。

低学年の算数では、積み木の数を答えさせる問題があります。見えている積み木の下に見えていないけどもう一つ積み木があるのかもしれない、と考えられる子とそのことを理解させるのにかなりの時間を要する子の差は、かくれんぼの経験の有無にかかわってきます。

平面から立体へ感覚は育つ

空間把握力を養うため、外遊びをとことん楽しんでほしいのですが、かくれんぼは家の中でもできます。顔は隠したけどお尻は出ているという経験をたくさんさせてみましょう。

また、屋外で高いところから見下ろすのと同じように、家の中にあるいろいろなものを上から見てみるのもおすすめです。ダイニングテーブルを上から見ると長方形、三角のサンドイッチは細い長方形になります。

7種類のパーツを駆使してあらゆる形を造形できるLaQ（提供：ヨシリツ株式会社）

立体感覚を養うレゴやLaQ、ポリドロンといったおもちゃも、お子さんが関心を示すならどんどん活用してくださいい。とくにLaQやポリドロンのような、数種のパーツから平面・立体・幾何学体など自由に造形できるパズルブロックは、立方体の展開図の理解にとても役立ちます。

一般的に子どもの遊びは、平面から始まりやがて立体的になっていきます。成長段階に合わせた遊びで、図形感覚を養っていきましょう。

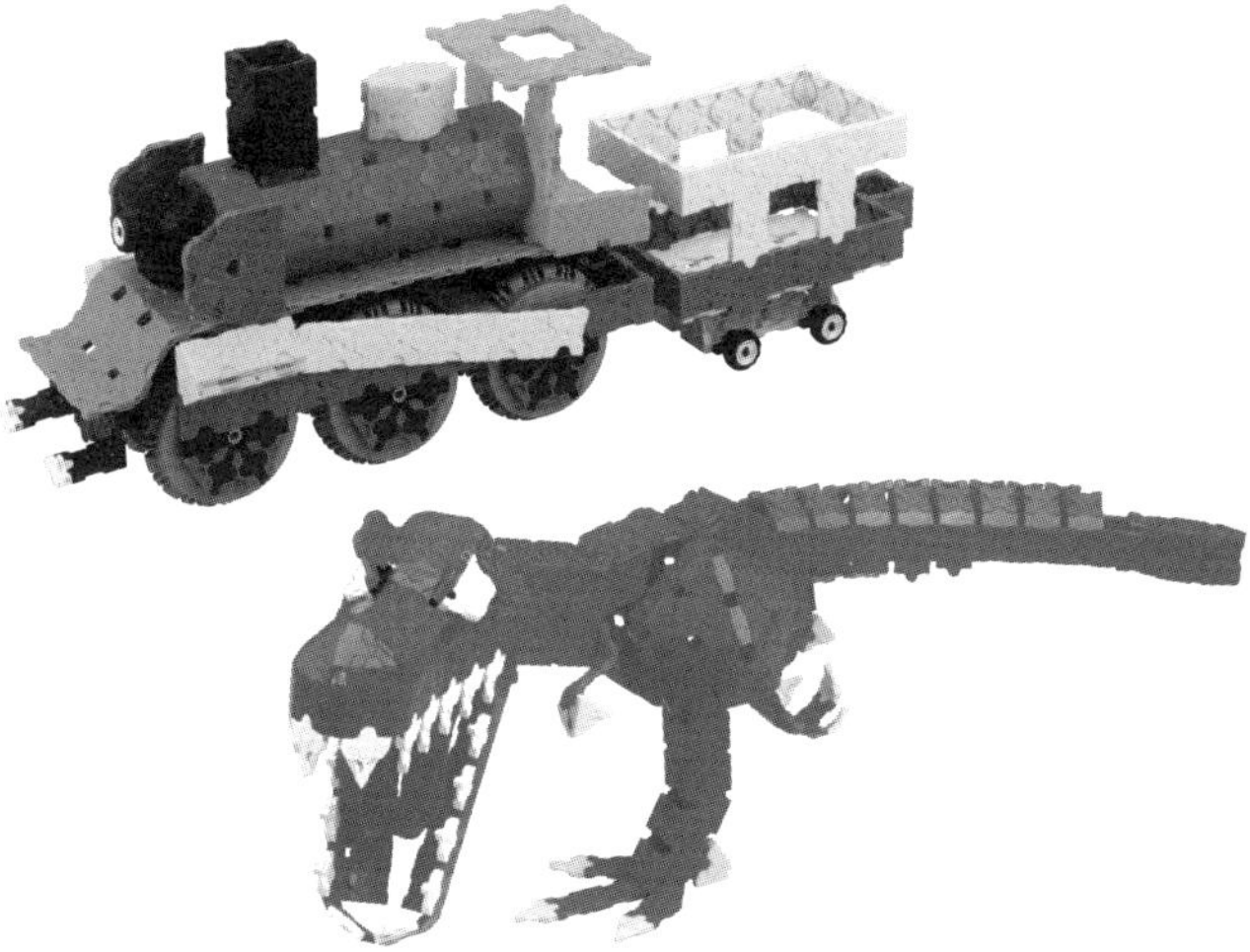

LaQで作れるさまざまな作品（提供：ヨシリツ株式会社）

正多面体の立体構造が視覚的に把握できるポリドロン
（提供：東京書籍株式会社）

レゴ

お城、恐竜、アニメキャラクターなど、完成形をイメージしながらブロックを選んで組み立てるプロセスが創造力や段取り力を養う。ただ組み合わせて遊んでいるだけに見える小さい子どもでも、頭の中には「こうなりそう」という予測がある。「何が出来上がりそう?」と声かけしてあげると、将来の立体の学習に役立つ。

ポリドロン

4色11種の幾何学的な形をはめ合わせ、平面的な模様や立体的な造形を作れる英国のシステム遊具。正多面体の立体構造が、視覚的に把握できるメリットがある。

ピタゴラス

子どもの小さな手になじみやすい大きさ、質感の平面プレートと立体キューブが、不思議な内蔵磁石でピタッとくっつく知育玩具。小さいうちから図形感覚や知的好奇心を育てるのにうってつけ。

コラム 1　理系に育てる知育グッズ

理系力を育むのにうってつけのおもちゃは色々ありますが、本文でご紹介したものを中心にそれぞれの「理系的おすすめポイント」を解説します。

LaQ（ラキュー）

平面・立体・幾何学体、あらゆる形を造形できるパズルブロック。平らなパーツと立体パーツ、それらをつなげるジョイントパーツなど7種類のパーツがあり、「ここここをつなげるにはどんな形があればいいかな」「この形から球体にするのに必要なのはどんなパーツ?」と試行錯誤しながら遊ぶ感覚が、後々、算数の図形に生きてくる。立体を組み立てる遊びは、図形の展開図の予備経験になる。

立体四目並べ

碁の五目並べの立体版で、盤上の16本の棒に1個ずつ玉（白か黒）を差しながら、自分の玉が縦・横・斜め・立体の対角線上のいずれかに4つ並んだら勝ち。縦×横×高さの三次元で展開するため、立体の補助線を考える基盤となる感覚が遊びを通して身につく。

3
11

重っ！軽っ！熱っ！冷たっ！感覚の記憶をたっぷり

「風が吹いてるね」と声をかけるだけでいい

算数の図形認識に役立つ外遊びは、将来の理科の学習のためにも欠かせないものです。外にいると、たとえば、強い風が吹いているときと弱い風のときでは、公園の樹木の枝葉の揺れ具合が違うことや、風向きによって枝の動きが変わることなどに気づきやすくなります。

ただ、そのことを子どもが気づかなくても、**目の前の自然現象について親御さんが理科的な知識を教えようとする必要はありません**。「風が吹いてるね」「涼しくて気持ちいいなぁ」「なんかなまぬるくない?」と、風が体に当たる感覚をただ肌身で感じていればいいのです。

もしも、子どもが樹木の揺れに関心を示すようなら、「道路のほうから風が吹いているから木が揺れているんだね」と言ってあげるだけで十分です。**どんな自然現象にも因果関係があることが、さりげなく伝わっていきます**。

もちろん、子どもはこうした経験や親との会話を全部覚えているわけではありませんが、大きくなってふとしたときによみがえることがあります。

数年前、ある難関校で「どうして月がついてくるのか」というテーマの入試問題が出されたことがあります。確かに、夜道を歩きながら月を眺めていると、どこまでも月がついてくるように感じますが、それは月が地球から遠くにあるために起こる目の錯覚です。

この問題は人と物体の距離と視野について問うていますが、このような問題に出合ったときに「そうそう、お月様ってついてくるよね」という**実感があるかないかが、正解への糸口を見つけるための非常に大きな差になります**。

「感覚の記憶」が理系力には欠かせない

親子で夜空を見上げるだけでも、雲の流れを追ってみるだけでも、そのときに子どもが感じた「へ～」「きれいだな」「不思議だな」という感覚が、子どもの中に経験として残っていきます。

それは、植物、生物、天文などの自然分野に限りません。すべり台から泥団子を落とすのと、紙を落とすのでは、落ち方がぜんぜん違いますね。「軽いものを落とすとフワフワしてなかなか地面に落ちないんだな」という感覚を知っていると、高学年になって物理的な勉強が始まったときに、「あのことか！」と、経験と知識がつながります。

小さいうちはわからなくても、本格的な勉強が必要になったときにつながれば儲けものです。**「感覚の記憶」**があればあるほど、とくに理系の勉強では後につながっていきます。

重量、温度、質感の豊かな体験を

親御さんに実践してほしいのは、**いろいろなものをお子さんに触らせる経験を増やす**ということです。難しく考えず、家にある物でもけっこうです。子どもからすると、お父さんの時計は手にズシッとくるでしょう。辞書などの分厚い書籍もかなりのインパクトがあると思います。めったに触ることなどできない金の延べ棒を、持ち上げることができる地方の郷土館もあると聞きます。

手に持って「重っ！」「めっちゃ軽い」とびっくりするような体験をすると、「これってあれより重いかな」というふうに、比べる楽しみが生まれます。

真夏の公園のベンチに座ろうとしたら、木製の座面は大丈夫だけど、鉄製の背もたれが熱すぎて思わず「熱っ！」と叫んでしまったとします。そのときは「なぜ？」「びっくりしたな〜」で終わっても、大きくなって熱の伝わり方を学んだとき、素材によって温度が違うことがわかり、やがてその謎は解明されるでしょう。

スチール缶とアルミ缶では、同じ大きさでも重さが違います。身の回りのいろんな

「感覚の記憶」が理系力には欠かせない

重量	重い？　軽い？
温度	熱い？　冷たい？
質感	どんな触り心地？

物体に触れてみることで、経験とともに「感覚の記憶」がどんどん蓄積されていくのです。

本章では、数の「量感」について繰り返しお話ししましたが、ここでお伝えした**「感覚の記憶」も、理系の力を育てるための重要な要素**になります。

お子さんがまだ小さいという方は、感覚に訴えかけるような体験をたくさんさせていきましょう。お子さんがすでに就学している場合も、もう遅いということはありません。親子で楽しみながら機会を増やしていってほしいと思います。

3-12

デジタルデバイスは「わが家のルール」を決めて活用

一人で操作可能になってからの時間管理が重要

近年、親御さんから頻繁に受けるのが、「YouTubeばっかり見てぜんぜん勉強しません」という相談です。

何歳から自分のスマホを持たせたり、パソコンを自由に使えるようにするかなど、デジタルデバイスについての方針はご家庭によってそれぞれでしょう。小学校でプログラミング教育が必修化され、タブレット学習の機会も増える傾向にありますが、これらのデバイスを早く取り入れることだけが、理系の力のプラスになるわけではありません。

ここでは、賢い使い方のポイントを紹介しておきます。

デジタルデバイスには、当然のことながらポジティブな面とネガティブな面がありま す。ネガティブな面は、無制限に使ってしまうリスクがある点と、触れさせたくない情報に触れてしまう可能性があることです。

今後はこうしたデバイスを学習に有効活用していくことが求められますから、自分でスマホやパソコンを操作できるようになって以降、一番大切になるのは**時間管理**です。必要なときだけ触っていい、使う時間を決める、使う時間が終わったらちゃんとしまうなどの基本的なルールを習慣として身につけさせましょう。

自分で使い始めて終われなくなるという中毒症状にしないことが、非常に重要です。まだ自分で操作できない幼児期のうちも、**好きなだけ見ていいわけじゃないんだよというルールを親御さんの振る舞いからさりげなく伝えていきます**。

ですから、子どもの前では、「スマホでＹｏｕＴｕｂｅを見たり、ゲームをするなんてまったく興味ありません」というスタンスを貫く（くらいのフリをする）とか、お子さんが小さいうちはＹｏｕＴｕｂｅやゲームの存在を知らせないという方針は、正解だと思います。

見せない、知らせない、親も関心を示さないという姿勢を徹底して、ご家庭なりの使い方のスタンダードを決めてしまえば、漫然とスマホを眺めたりゲームに勤しむような使い方は子どもたちにとっても亜流になっていきます。

タブレットの拡大機能は生物の学習向き

ポジティブな面についていえば、これほど便利なものはありません。**子どもが知りたい対象についてとことん調べることができ、知識が広がります**。

とくにタブレットは調べたものを拡大したとき、スマホよりも大きな画像で見ることができ、目にもやさしいという利点があります。おでかけの際、ちょっと気になって撮影したものを思い切り拡大してみたら、「ミツバチだと思ってたけどアブだった」とわかることもあり、非常に有用です。親御さんはこういう使い方を見せておくといいでしょう。

そして、**子どもに代わって手軽に検索してあげる**ことができます。「〇〇についてはお母さん（お父さん）が代理で検索してあげるね」という決まりにして代行してあげれば、「これ、調べて」と子どもはどんどんリクエストしてきます。

Googleレンズは、植物や昆虫の名前をその場で調べることができる優れものです。近所の公園や旅行に行ったときに積極的に利用してほしいのですが、子どもに自由に使わせると、問題を写すと答えがすぐに表示されることを知ってしまいます。ぜひ親御さんが代理検索をお願いします。

こうした対策ができていると、**触れさせたくない情報にむやみやたらと触れてしまう危険を回避することもできます**から、親御さんとしても安心です。リクエストに応えて代理検索していると、子どもがどれくらい知識があるのか把握できますし、情報が共有でき親子の会話のネタも増えます。

ポジティブな面はしっかり見せる

デジタルデバイスに限らずテレビも毒にも薬にもなるわけですが、これらを家からなくすということはどのご家庭にとっても簡単ではないですね。となると、やはりポジティブな面をしっかり見せていくことが子どもの成長にとってもいいということに

デジタルデバイスの賢い使い方

- 使う時間を決める
- 使い終わったら決められた場所にしまう
- 親が検索を代行する

なります。

デバイスを渡しっぱなしにしておけば、親御さんは楽できます。それに対して代理検索は、確かに手間がかかってしまいます。

しかし、**正しくない使い方はしないという習慣が小さい頃から培われていれば**、YouTubeやゲームよりもむしろ、**もっと自分が好きなことや興味関心が湧くことに時間と労力を使おうとします。**

これからの時代を生きていくために欠かせないデジタルツールだからこそ、勉強のプラスになる方法で活用していきたいものです。

第4章

理系科目を得意にする！低学年の学習&生活習慣

1分でわかる！ 第4章

小学校に上がると、算数や理科が得意でなかった親御さんの多くが「つまずかないだろうか」と不安そうな顔つきでお子さんを見ています。そんな親御さんの様子を感じて子どもは自信をなくし、つまずきやすいといわれている単元で見事につまずいてしまいます。低学年で理系に苦手意識をもたずにすむ勉強法を、親御さんは正しく知っておくべきでしょう。

理系にまつわる3つの誤解

1
四則計算のマスターは早ければ早いほどいい

2
九九は暗唱が最適な学習で、目で見て覚える必要はない

3
裏ワザで計算するのはズル、地道に計算するのがやはり賢い

今と昔では学校での教え方が違うので、計算の仕方や解き方はチェックしない

テストの点ばかり気にする

子どもをダメにする親のNG行動

ぶきっちょさんだからコンパスできれいな円が描けないが、成績には影響しないと思っている

牛乳やジュースを飲むとき、こぼすといけないからいつもコップについであげる

4-1

1年生は「一つの計算が正確にできる」が目標

遊びの数と机の前の勉強が近づいてくる時期

小学校に入ると、これまで遊びながら学んできた数と、机の前で教科書を開いて学ぶ数とが近づいてきます。授業についていけるか、宿題はこなせるか、テストはどうかなど、親御さんとしても何かと気がかりが増えることと思います。

この時期に大切な学習習慣と生活習慣とはどんなものでしょう。

就学直後のお子さんを持つ親御さん向けのセミナーを開催した際、「うちの夫が日曜日に子どもを3時間座らせて、算数の計算を教えているのですが、正しいことでしょうか?」という相談を受けたことがあります。お子さんが小学校へ上がったとたん、ついつい前のめりな心情になってしまい、先取りの学習とばかりに四則計算を叩き込もうとする例は少なくありません。この相談のやり方も残念ながら、理系のベースを育てていくこの年代にそぐうものとはいえないでしょう。努力の方向が明らかに間違っています。

1年生の算数は、**一つの作業をして一つの結果を出す**という勉強がほとんどです。つまり、足し算か引き算のどちらかを使った一段階の考え方ですむ計算で、それがきちんとできるようになることが目的の学年です。

一つの作業をして得た結果を使い、もう一段階深めて考えるという具合に、四則計算が自在にこなせる必要が出てくるのはどう考えても3年生以降です。それまでは先取りに気を取られて焦ることなく、**一つの計算が素早く正確にできるよう徹底することが大切**です。とくに1年生の間は、それに徹してください。

子どもは「大体合っていればいい」と思っている

もう一つ大切なことがあります。今お話ししたこととつながるのですが、**計算し**

て出した答えに対して「絶対に合っている」と子どもが自信を持って答えられるようにすることです。

というのも、低学年の子どもは問題を解いて答えを出すことについて、「だいたいでいいんじゃん？」と思っているふしがあります。たとえば、「8＋3」を「12」と答えたとします。間違いを指摘したときに、「でもほんのちょっとした違いじゃん」とあっけらかんと言う。そういう子は、本当にそう思っているんです。

私たち大人からすると、学校の勉強とは正しく答えられることが何よりも一番で、いわば正義です。しかし、正しく答えて高い点数を取ったほうがいいという、大人から見ると当然の感覚が子どもにはまだ芽生えていないことがあります。

そう思っていない子どもは、勉強は終わらせればいいものだとか、学校のテストならば点数で争うのではなくて早く提出する競争だなどと思っていて、正しい答えを出したいと思っていないのです。そして、素早く答えられたことがかっこいいと思っていたりします。

つまり、**「勉強のルール」がよくわかっていない**ということです。

そこで、私たちはこの手の子どもに出会ったとき、なるべく早く次のようなたとえ話をします。「オリンピックの選手なら速く走って、1番にゴールした人が一番偉いけど、勉強ってそうじゃないよね?」。こういう話をしてあげると、子どもたちははじめてわかります。

「橋を造るとして、早くできたけどすぐ崩れたAの橋と、時間はかかったけど崩れないBの橋と、どっちがいいと思う?」と聞くと、みんなBの橋を選びます。「勉強ってBの橋だよね」と言うと納得します。勉強とは何か、どんなふうにやるものなのかを教えてあげると勉強のルールが理解でき、ルールがわかれば、ルールを守れるようになっていくのです。

「勉強のルール」を知るところから勉強は始まる

「8+3」を「12」と答えていた子でも、「もう一回計算し直してごらん」とやらせてみるとちゃんと正しい答えを出せます。ですから、算数がわかっていないわけではないのです。

速さだけで勝負して、結局勉強のルールがわからないまま過ぎていくことがないよ

「勉強のルール」を知るところから

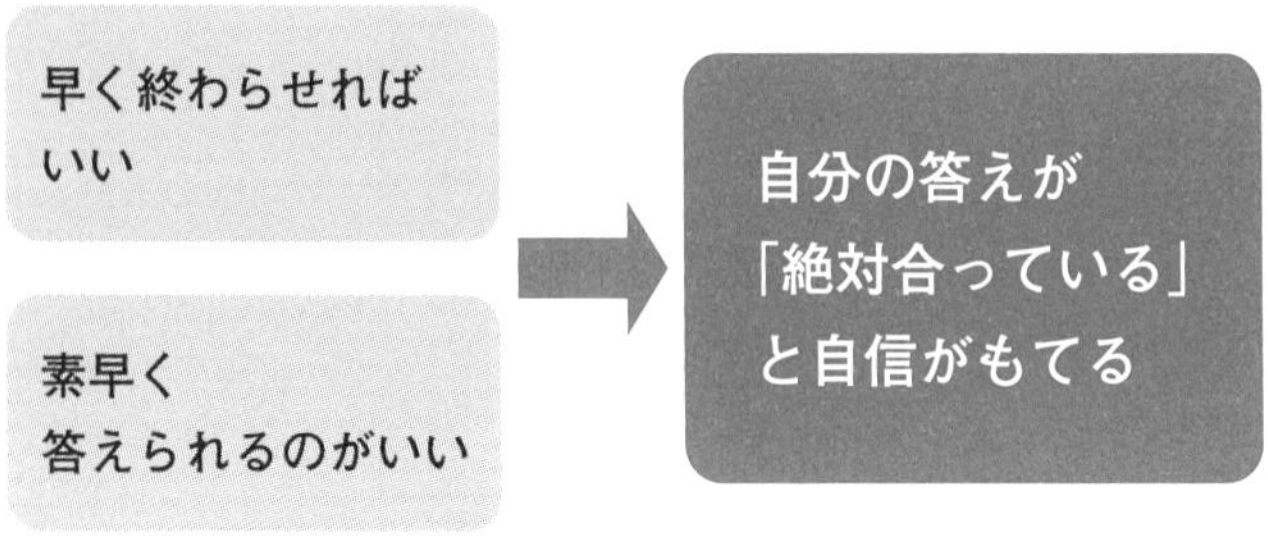
早く終わらせればいい
素早く答えられるのがいい
自分の答えが「絶対合っている」と自信がもてる

う、**親御さんはときどき「答えに自信がある？」と問いかけてあげるといいでしょう**。すると、正しい答えを出すことを重視するようになっていきます。そして、正しく答えられたら、「1回で正解できて偉かったね！」と褒めてあげるといいです。

　このように、本格的な勉強とは、勉強にはルールがあると理解するところから始まります。この勉強のルールは、今後学んでいく掛け算や割り算、単位の学習などとも深くかかわります。理系の学習にはなくてはならない、**学びのベース**になります。

4-2

基礎的な計算力が身につく毎日の学習量とは

教科書準拠の問題集を2冊ずつ買う

学力のベースを身につけるために、毎日どのような勉強をすればいいか。低学年から始めたい家庭での学習の全体像について、ここでまとめておきます。

小学校で使う教科書には、**教科書準拠の問題集**があります。**1年生になったら、これを1日1ページずつやっていく習慣をつけます**。

おそらく、1日1ページはそれほど大変な量ではないので、その問題集はすぐに終わってしまいます。現在、教科書準拠の問題集は、『小学教科書ワーク』（文理）と『教科書ぴったりトレーニング』（新興出版社）の2種類がありますので、両方用意しましょう。

この2種類の算数と国語を1ページずつやると、1年生ではそれぞれ平均的に8分くらいで、授業の進度に合わせて理解を確実にしていくには、これくらいの学習量が必要です。この家庭学習を2年生以降も、同じように続けていきます。

教科書準拠の問題集には、丁寧な解説があります。学校の教科書は学校で習うことが前提なので解答・解説はありませんが、準拠問題集には、なぜ今この単元をやるのかが「てびき」で解説されています。

授業の進度に合わせて、親御さんが解答・解説を読んでおくと、子どもが今習っていることを把握できるうえ、子どもに教える際の助けになります。ぜひ有効活用してほしいと思います。

学年ごとの「計算のルール」を確実に積み重ねる

家庭での勉強には、この他に学校の宿題があります。宿題は担任の先生によって量が違いますから、5分もかからずに終わってしまう場合も、30分くらいかかる量が出

小学校の算数の学習ポイント

1年生	「10の補数の感覚」を確かなものにする
2年生	九九の意味を知り、使えるようにする
3年生	四則計算：やり方、順序の理解。 状況に応じて使いこなせるようにする
3年生の終わり ～4年生	桁数の多い割り算に対応できる 計算力を養う
5・6年生	小数・分数の計算処理力を養う

される場合もあります。1年生で毎日30分の宿題はきついと思いますが、「宿題はちゃんとやって、提出するもの」という習慣を身につけるチャンスと捉えましょう。

公文などの学習塾に通っている場合は、算数は計算だけ、国語は漢字だけという繰り返し学習に偏りがちです。問題集や宿題に臨む際、**できるだけ文章をしっかり読んで解く学習をご家庭でプラスする必要があります**。ここはちょっと親御さんの工夫が要るポイントです。

小学校の算数の学習の流れは次のようになっています。

まず1年生では、3章でも詳しくお

話ししたように「10の補数」の感覚を確かなものにすることが第一です。2年生は、九九の意味を知り、九九を使えるようになること。3年生になったら四則計算。それぞれの計算のやり方や順序を理解し、状況に応じて使いこなせるようになることを目指します。3年生の終わりから4年生にかけては、桁数の多い割り算に苦手意識を持たない計算力を、5年生、6年生では、小数・分数も整数と同じように処理できる力を養います。

算数は、小さいうちほどそれぞれの段階での「計算のルール」を理解していくことが、将来の理系力につながります。

中学受験する場合は3年生からギアチェンジ

中学受験に備えて進学塾入塾のための勉強を始める場合は、3年生からの学習習慣を変えていきましょう。

入塾試験のテストは、3年生までの範囲から出題されることがほとんどですが、4年生の範囲も少し入ってきます。ですから、3年生の範囲を早く終わらせる必要があります。秋に入るあたりで、3年生の学習範囲は終えておきたいところです。そして9月以降、ギアを上げて、入塾試験問題レベルの学習へと入るのが理想的です。

そこで、3年生の1学期、もしくは夏休みあたりまでに、『自由自在』（増進堂・受験研究社）の3年生の学習範囲を終わらせ、9月以降、入塾試験向けテキスト『中学受験入塾テストで上位クラスに入る スタートダッシュ』シリーズ（西村則康著・青春出版社）の算数と国語を、入塾試験が実施される12月までに終わらせることを推奨しています。

その際、全体の学習量が増えますから、教科書準拠問題集は1種類に減らしてもいいでしょう。

低学年の間で大切なのは、**「勉強って毎日やるものなんだ」という感覚をできるだけ早いうちに子どもになじませること**です。これが最も重要な「勉強のルール」といえるかもしれません。

4-3

九九を全部言えても九九表は張っておく

算数が苦手な子の「九九あるある」

1年生の「10の補数」や足し算、引き算の学習を経て、2年生で**九九**の学習が始まります。教科書では、乗り物に3人ずつ乗っているとして、それが4台ある場合、「1つ分の数×いくつ分」で「全部の数」を求めることができるということを、イラストを交えながら解説しています。

「1つ分の数×いくつ分＝全部の数」を式にすると「3×4＝12」と書くんだよ、これは「3＋3＋3＋3＝12」と同じ意味なんだよ、計算をすべて足し算でやっていくと大変だけど、掛け算でやると便利だよね――最初は掛け算をこういうふうに習い、理解を深めていくのです。

しかし、1の段から9の段へと授業が進み、九九を毎日暗唱しているうちに、一体何のために九九を覚えているのかがだんだんわからなくなってくる子が一定数います。これは「九九あるある」で、そういう子は「3＋3＋3＋3＝12」と「3×4＝12」が同じことだとしっかり理解できないままなのです。

以前、これから九九を使っていこうという時期の子どもたちの学習サポートをしたことがあります。驚くことに、多くの子が「九九あるある」の状態に陥り、つまずいていました。

九九は全部ちゃんと言えるのですが、文章問題で九九を使う必要がある場面で、まず掛け算の発想が出てきません。**掛け算は一体どういうときに使う計算なのか、九九の暗記をするうちにどんどん薄れていってしまうんです。**

そういう子に「8×9＝72（はっくしちじゅうに）ってどういう意味か説明して」と尋ねると、口ごもってしまうことがほとんどです。「1つ分の数が8で、それが9ある」と言葉で説明できないのですから、文章問題から掛け算の式を立てることなどできるわけがないのです。

数字だけより絵がある九九表を選ぶ

お子さんがこれから九九を学ぶのならば、九九表は数字だけのものよりも、8×3ならイチゴ8個が3つの皿に盛られているようなイラスト入りのものを選ぶといいでしょう。

3章の数の「量感」のところでもお話ししたように、数を数字という記号としてだけでなく、実感のある数として捉えていくことが数の感覚を磨き、算数の勉強を楽にしていきます。

イチゴが8個盛られた皿が3つあることを目で見ながら「8×3＝24（はちさんにじゅうし）」と繰り返し唱えるのと、数字だけを見て暗唱するのを比べると、スムースに進むように見えるのは数字だけの九九表かもしれません。

しかし、スラスラとよどみなく言えることを目指すよりも、**九九の意味と役割を理解し、しっかり記憶に定着させる暗唱の手助けをしてあげてほしいと思います。**急ぐ必要はないのです。

子どもは九九を覚えているうちに
掛け算の意味を忘れてしまう

$$8 \times 3$$
$$= 8 + 8 + 8$$

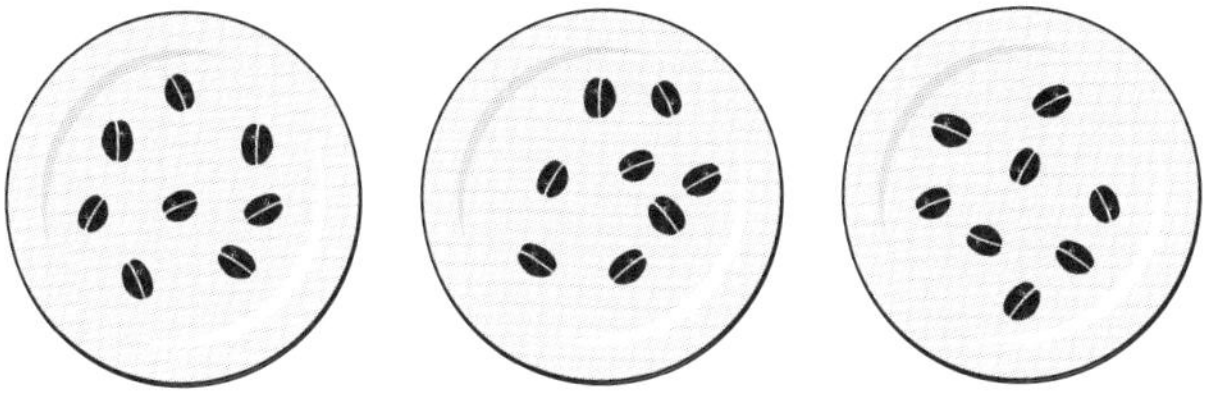

時間をかけて醸成していく

九九を全部覚えて言えるようになっても、いざ問題に向かったときに「はて、九九って何のことでしたっけ？」という恐ろしいことにならないように、**九九表は長い期間張っておいて、いつも身近に感じられる環境を保っておくといいでしょう**。

3年生、4年生くらいまでは、もちろん張っておきます。順調にいけば、5年生くらいで「もういい」という状態になるでしょうけど、それでも無理にはがす必要はありません。

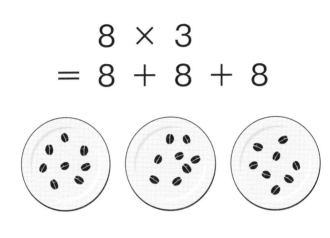

リビングやトイレに張ってあれば、折に触れて子どもの目に入ります。壁に張ってある学習教材はたいていそのうち風景と化して目に入らなくなるものですが、しつこく張っておくと、ふとしたときに目に留まります。「8×3＝24（はちさんにじゅうし）これって当たり前だよな」「まだ張ってるけど、さすがにもういいかな」と、本人が感じ始めます。

そこからさらに進み、九九の意味をしっかり理解できるようになっただけでなく、自在に使いこなせる計算力がついたとき、「ああ、最初は九九がわかってなかったんだ」ということを振り返って見られるようになります。

そしてそのうち、九九がわかっていなかったということすら忘れて、われわれ大人が今、九九がわからなかった感覚などまったく思い出せないのと同じような感覚になっていきます。

そういう状態になるまで、九九表は張っておくつもりでいてください。そんな子どもの心の中までわからないのではと思われるかもしれませんが、文章問題が難しくなるにつれ「危ういな」と感じる箇所が見えてくるはずです。そのときはまた戻ればいいのです。時間をかけて醸成していけば大丈夫です。

4-4 最初の関門「二桁の割り算」をクリアする

二桁の割り算が最初のつまずきポイント

「算数で最初につまずくのはどこですか?」という質問をよく受けます。端的にお答えすると、**最初の関門は4年生の割り算**です。とくに二桁で割る計算の商を立てるのにものすごく苦労して、そこで算数嫌いになる子がいます。

たとえば、「326÷5」のように一桁で割る問題ならば、商が十の位から立つとわりとすぐに見当がつけられます。しかし、「87÷21」のように二桁で割る問題になると、商の見当がつけられなくなるのです。

この「87÷21」を解くとき、「21って20に近いな」と気づければ立てる商の見当がつけられますね。二桁で割る計算につまずく子というのは、「21で割るんだったら、20ぐらいで割ってみたらどうなるかな」というイメージがうまく持てない子たちなんです。「28で割るんだ。じゃあ30くらいで試しにやってみよう」みたいなことができないのです。

21を20にしたり、28を30にするなど、切りがよく、自分がイメージしやすい数字に「仮置き」することを、私たちは**「数を丸める」**と言います。

数を丸められる子とそうでない子、何が違うのでしょうか。

「数を丸める」を支える感覚とは

数を丸めるには、「21は20に近い」とか、「28はほぼ30」といった数の感覚が頼りになります。この感覚の元をたどれば、**「10のかたまり」**になり、つまりは**数の「量感」**に行き着きます。

それまでの数の学びのなかで「量感」が養われていれば、二桁の割り算で最初は戸惑っても、そこからだんだん脱皮して、「だいたいの丸めた数字でやってみよう。大

数を丸める

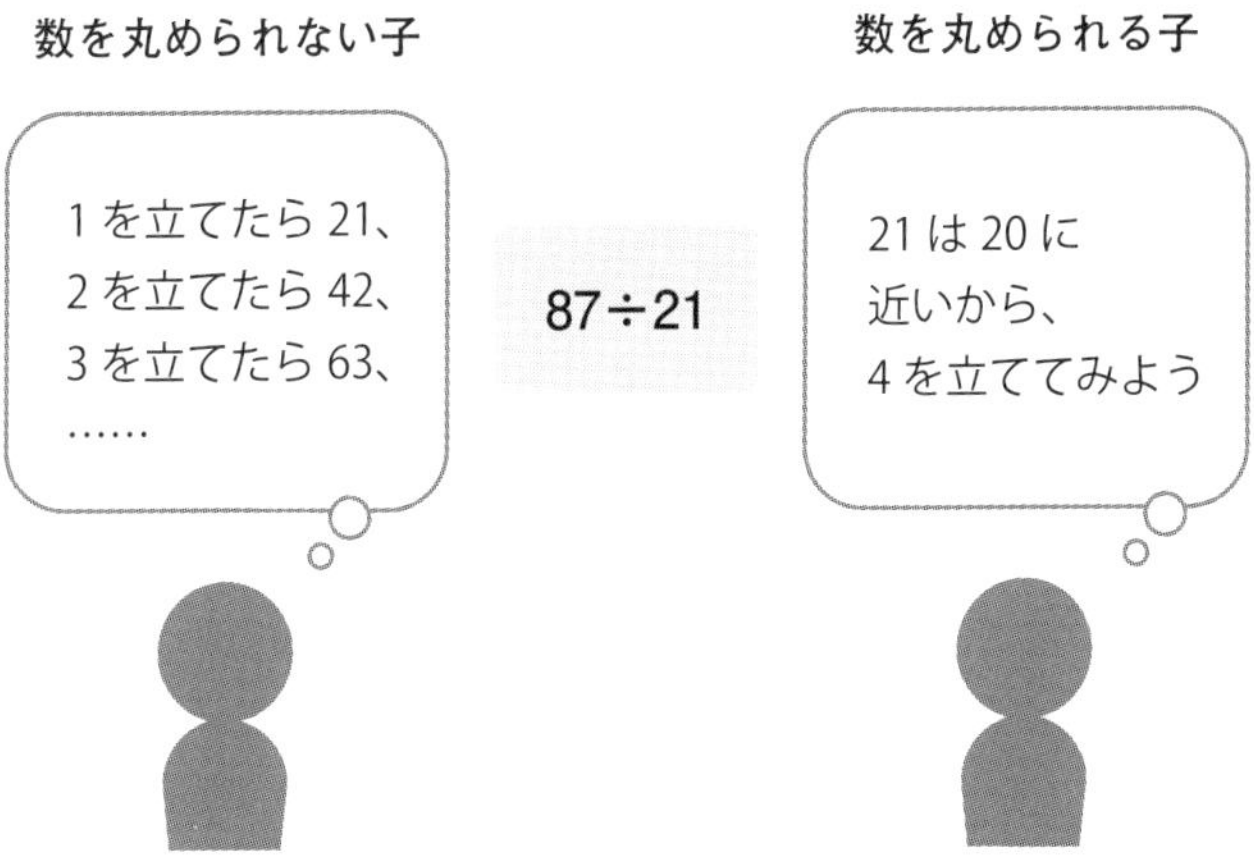
数を丸められない子
1を立てたら21、
2を立てたら42、
3を立てたら63、
……
87÷21
数を丸められる子
21は20に
近いから、
4を立ててみよう

きすぎたら減らせばいいし、小さすぎたら増やせばいいじゃん」というさじ加減ができるようになります。

本人は無意識でも、**それまでに養われた「量感」が学習の支えになってくれる**のです。そのうちに、割る数がもっと大きくなっても、仮の商を立てて試しに計算していく感覚をつかんでいけるようになります。

なかなかそこにいけず、二桁や三桁で割るのが苦手な子は、6年生の最後まで苦戦することが多いです。そういう子には「丸めちゃって大丈夫なのかな?」という自信のなさがあり、商に1を立て、2を立て……というふうに、遠い数字から順番に商が立つかどうかを試してみます。そのため、なかなか正解にたどり着かず、一問を解くのにすごく時間がかかります。

真面目な子や間違いたくないという気持ちが強い子がよくこうなるのですが、本当の理由は性格や学習習慣にあるのではありません。結局のところ、**「この数ってだいたいこれくらい」という数の感覚が養われているかどうか**なのです。

それくらいに「量感」は大切で、のちのちまでの算数や理科の勉強に深くつながっていきます。

算数のつまずきの第一関門が二桁の割り算だとすると、ここで苦戦する子は小数で割る問題を見た時点で苦手意識が募り、「これは難しい問題だ」ともうあきらめてしまいます。

次に分数、異分母分数の足し算・引き算、分数同士の掛け算・割り算と、6年生までにいくつかのつまずきポイントが挙げられますが、**子どもが「もうムリ」「こんな計算こりごり」といった表情を見せたら、現年齢の問題をたくさん解かせるのではなく、過去へ戻りましょう。**

近所の憧れのお姉さんが低学年の頃に使っていたらしいよといった、子どもがやる気になるような謳い文句を捻り出し、心機一転、新しい問題集を渡してみるのもいいでしょう。

勉強から離れて、トランプのブラックジャックなど、親子で数の遊びを楽しむのも手です。これまで紹介してきた「10の補数」の感覚を養えるような実物を使った遊びや、ベーシックな問題に立ち戻ることで苦手意識を消し去り、自信をつけていく工夫を続けていきましょう。

4…5

「どうしたらラクに計算できるか」が算数好きへの入口

「25×4=100ってめっちゃ便利！」

3年生の算数では**「暗算」**の単元があります。足し算、引き算から始まり、比較的簡単な掛け算や割り算へと進みます。

たとえば「37×7」を暗算で計算するとしましょう。ある子は、教科書で最初に習ったとおり、一の位の7に7を掛けて49、十の位に4繰り上がったのを覚えておいて、30×7=210だから、210に49を足して259と、頭の中で筆算をする確実な方法で解きました。

また別の子は、37という数字の30を見て、30が7個あるのだから30×7=210。一の位の7に7を掛けて、7×7＝49。それらを足して210＋49＝259と考えました。

どちらも正解できましたが、両者は何が違うでしょう。前者が「地道にコツコツ派」だとすると、後者は「工夫してラクしよう派」です。**算数が好きになって理系に強くなっていくのは、後者のタイプです。**

お子さんの勉強のやり方を見てあげてみてください。「36×25」という問題をどんなふうに解いているでしょう。算数が伸びる子は、問題の中に25があったら必ず4を探します。当たり前のことですが、「25×4＝100」です。この場合は36に4が隠れていて4×9＝36ですから、9×100で答えは900です。

算数が好きになる子はこういうとき、「25×4＝100ってめっちゃ便利！」と、ゲーム感覚で楽しみながら解いています。「ぷよぷよ」というぷるぷるした物体を消すゲームがありますが、あの感覚で計算している感じです。

計算の作法に則った「ルール」を活用できる子は強い

子どもにとって、25×4が100になるということはものすごい発見です。このめちゃくちゃ便利なツールを使わない手はないだろうとワクワクするような子は、25×4が100ということは250×4は1000だから、250の半分の125を8倍したら1000になるということにも気づき、どんどん利用していきます。

たとえば、「24×125」の計算は、1000［125×8］としてそれに3を掛けて3000。「46×73＋54×73」は、46と54で100になることに目をつけて「100×73＝7300」と瞬殺です。

計算しやすいように数字を分解したり、まとめたりすることを**分配法則**といいます。分配法則といえば難しく聞こえますが、要は**計算の仕方の工夫**です。算数が好きで伸びていく子は、計算問題を前にしたとき、「ラクできないか」「工夫できないか」といつも虎視眈々と狙っています。

低学年の算数では、「25×4＝100」のような便利なツールや、さまざまな「計算のルール」を教わります。掛け算で筆算をするときに末尾の0を除いて掛け、答えの末尾に0をつければ計算を簡単にできること、掛ける順序を変えても答えは同じになること。こうした**計算の作法に則った計算のルールを使えば使うほど、計算は速く、ラクになります**。

算数が伸びる子は計算を工夫しようとする

$$24 \times 125 = 3 \times 8 \times 125$$
$$= 3 \times 1000$$
$$= 3000$$

（8×125）これが1000になると知っている子

$$46 \times 73 + 54 \times 73 = 100 \times 73$$
$$= 7300$$

（46と54）足すと100になると気づける子

その便利なツールや計算のルールにパッと飛びつき、大活用する子がいる一方、なかなか踏み出せない子がいます。「やっぱり前から順番に計算していくのが一番確実だ」というところから一歩踏み出せず、腕力でガリガリやっていこうとします。

どうしたらラクに計算できるか、その工夫をしようという気持ちがある子とない子、気持ちがあっても勇気が出せない子がいる、その原因は何だと思われますか。

おそらく、そういう工夫ができるということの実感がないんだと思います。

37と聞けば、「30と7」と考えて問題を解く手がかりにできる子は、まず頭の中に10のかたまりが3つ並んだ物体のようなものが浮かぶといいます。また、計算問題の数字に25を見つけたらすぐに4を探すような子は、頭の中に円グラフや丸いパイのような画が出てくると言ったりします。それを4つに分けて25だったら4つで100だから、1パーツをさらに半分にしたら8つになるという実感をもって解いています。

数のボリュームをイメージする力が支えになって、いつも前から腕力でガリガリやっていく計算から一歩踏み出す勇気を与えてくれるのです。これは、前項目の「数を丸める」でお話ししたことと同じです。

算数好きには「マイルール」がある

難しい計算問題をいとも簡単に正解した子に、「どうやって解いたの?」と尋ねることがあります。すると、今言ったような頭の中のイメージや分配法則の工夫を話してくれるのですが、そういうときの目はキラッと光っています。その子にとってみればゲームの攻略法について語るようなものですから、楽しくて仕方ないのです。

たとえば、円周を求める問題を解くとき、ある程度の成績以上の子は、円周率の3・14を筆算式の上に書いて掛け算をしていきます。できる子はほぼ100%そうしていますし、実はこのような計算の際の**マイルール**をもっています。

算数が得意になっていく子は、計算の作法に則ったルールを大活用していくなかで、このやり方でやればもっと間違いが少なくなるしラクに解けるということを経験しながら、「マイルール」を見出していけるのです。

理系のベースになるのは論理的思考力ですが、それは**確かな計算力**があってこその論理的思考力です。確かな計算力というのは、**正しいルールに則った考え方、解き方といった基礎訓練的な部分が重要**になってきます。

基礎を強固にしたうえで、マイルールという自分なりの法則を見出せたら鬼に金棒。みんながみんないきなりマイルールを見出し、目をキラキラさせながら算数の問題を解くようになるわけではないでしょうが、子どものちょっとした発見に対して「そんな良い方法をよく見つけられたね!」と驚いてあげてほしいのです。その後、「ルールって便利だね」と言葉を添えていくような会話が子どもの探求心を育てます。

4-6 単位は「1cm」を体感することから始める

子どものからだのパーツを測ってあげる

子どもは、「あれってすごく長い」「こっちは軽い」といった感覚を実生活の経験から知っています。ただ、長さや重さをはかる「単位」という便利なものの存在はまだ知りません。

低学年の算数では、**子どもが「なんとなく知っている」長さや重さの感覚と、その感覚をより正確に表す単位をマッチさせていくことが、学習の大きなテーマの一つです**。単位の単元は、子どもにとって一番身近な長さの単位である「cm」から始まります。

まず、学校で単位の単元に入るまでに（もちろん入ってからも）、ご家庭で定規や巻き尺でたくさん遊ぶといいでしょう。子どもの手の平の幅や指の長さ、足の長さなどいろいろなパーツを測り、「○○ちゃんの親指は1、2……3cm」などと教えてあげます。

親子で測りっこしたり、家の中のさまざまな場所を測定していると、子どもは最初は単位が何なのかわからなくても、「数字にcmがくっついてくるんだな」「なんかわからないけど、cmっていう決まり事があるんだな」と気づくようになります。

この「1cm」が体感できていると、次に「m」という単位を習ったときに1cmの100倍と想像しやすくなります。面積の単位「1cm²」が出てきたときもそれがどれくらいの広さを指しているのか、さらに「1m²っていうと1cm²がものすごくたくさん（10000cm²）だ」とわかります。

こういう感覚を養っていくことが、確かな理系力のベースには必要です。

100倍、1000倍という単位の仕組み

3年生の算数の後半では、長さの単位の学習として、ある場所からある場所までの

距離と道のりを地図に数字で示し、「何m」と「何km何m」の二通りで答えさせるような問題が出てきます。

こうした問題の目的は、「1km＝1000m」という単位換算がわかっているかどうかを見ることにあります。長さ、重さ、面積、体積、時間などの単位は、算数だけでなく将来の理科の内容とも深くかかわります。単位でつまずかないために必要なのは、どんなことでしょう。

長さの場合、cmよりも小さな単位であるmmで示すと1cmは10mmで、cmよりも大きな単位であるmで示すと1mは100cmで、倍々になっています。1mを基点にしたら、1kmは1000倍で、1mmは1000分の1です。

面積は縦×横で求められますから、縦10倍×横10倍になったら面積は100倍。だから、1aが100m²、1haが100aと、100倍刻みで単位が変わっていきます。

重さの単位は、g、kg、tというふうに1000倍で変化します。

「単位って、10倍、100倍、1000倍で数（量）を表す仕組みのことなんだ」というイメージが持てるようになることが、苦手意識を寄せつけないために大事なのです。これも**数に関するルール**です。

勉強しながら記憶を強化

単位換算を軽々とクリアしていく子は、「1aってどれくらいの広さ?」と聞かれたときにちゃんと説明ができます。1aとは縦10m×横10mの100㎡のことだという単位換算表に書いてある内容をスラスラ言えるだけにとどまらず、「たとえば、畑や田んぼみたいな、何十メートル単位で区切られているようなものの広さを表すときに使う」という実際の使われ方まで解説できます。

haやaを説明してと言われたら、大人でもちょっと不安になると思います。でもそれをよどみなく説明できるのは、「面積は100倍刻みで単位が変わるんだったな」と、思い出し、思い出し、それを、何度も、何度も、繰り返すうちにもう忘れなくなっているからです。**勉強しながら情報が更新され、頭の中で知識のつながりが強化されていく**のです。

「この仕組みがわかっていれば大丈夫」という自信は、学習意欲を高めます。そして、どんどん算数や理科が好きになっていくという好循環を生んでくれるのです。

4-7

理系センスを磨くお手伝い習慣

体積は子どもが実感しづらい

前項目で触れた単位の理解は、理科の学習でもカギになります。高学年になると浮力や水溶液の問題で体積や液体の量を示す「㎤」という単位が出てきます。

体積は縦×横×高さですから、縦10倍×横10倍×高さ10倍で、1000倍刻みで単位が変わります。しかし、面積は面の広がりで、体積は立体にまとまったものの量であるという、面積と体積の違いがそもそもわからない子は、実は珍しくありません。そのうえ、体積、容積、かさという似たような意味の言葉が使われることもあるうえ、単位も㎤の他に「ml」「cc」もあり、何かと混乱しやすいのです。

体積がわからない子はたいてい、「かさの感覚」がわかっていません。ですから、平面図形や立体図形を学んでいくときと同じように、**実物に触れながら学ぶのが一番**です。机上の学習だけで単位の種類を理解させようとしないことです。

ご家庭で実践できることはたくさんあります。わざわざ専用の道具や教材を買い揃えなくても、どこのご家庭にもあるであろうもので実践できるのが体積の学習のいいところです。

ぜひ大活用していただきたいのが、計量カップ、牛乳パック、マスなど、容量が決まっているものです。

たとえば、２００mlの計量カップで水を何杯入れれば、牛乳パックが満タンになるか。小さい子どもに「何杯入るだろうね？」と聞くと「10杯！」などと答えたりします。実際に水を入れてみる経験をしてみてはじめて、体積の感覚がわかってきます。そのうえで、「牛乳パックは１０００mlって書いてあるね」と、液体のかさに単位があることを伝えていきます。

最近は、２L計量カップといった大容量のものも手軽に手に入りますから、大きなものから小さなものまで揃えてみると、子どもも楽しみながら学べます。

水回りの遊びで単位との距離がぐんぐん縮まる

単位とは、さまざまな性質のものの量を数値で表すときに基準となる、決められた量のことです。単位を使ったり、単位を元に考えたりするということは、すなわち数字を扱うことと同じです。ですから、**単位に対する苦手意識は、数字に対する苦手意識から生まれる**ともいえます。ですから、普段の生活のなかでどう数字を扱うかによって、お子さんと単位の距離をぐんぐん縮めていくことはできるのです。

身近なところに数字がたくさんあることを教えてあげましょう。たとえば、牛乳パック。1000mlの表示だけでなく、生乳100%使用、要冷蔵10℃以下などと書いてあります。トマト缶には、内容総量400g、固形量240g、リコピン11・1mgなど。これらの意味はわからなくても、さまざまな単位があり、いろいろなものが量られていて、体積はそのうちの一つだということが理解しやすくなります。

計量カップや牛乳パックなどを自由に使うのに、家庭の水回りは最適です。とくにキッチンは学びの宝庫ですから、どんどんお手伝いを頼みましょう。たとえば、カレーを一緒に作るとします。レシピに「水を600ml入れる」と書いてあれば、分量の水を入れてもらいます。おやつにホットケーキやクッキーを作るなら、材料を量る役割を任せてみてもいいでしょう。

「スケルトン卵作り」で実験遊び

料理は、分量を正確に計量し、レシピ通りに作業を進めればたいてい完成します。理科の実験も実は同じようなものです。**キッチンにあるものを使ってできる、簡単な理科実験をしながら体積の単位になじんでいくことができます。**

「スケルトン卵作り」は、卵1個と酢200ml、ガラス瓶を用意します。酢の量を量ってガラス瓶に入れ、そこへ卵を2日ほど浸けておくと、卵の殻の炭酸カルシウムが溶けて中身が透けるスケルトン卵になっています。他には、みかんの皮をむき、重曹水（重曹大さじ1と水500ml）を火にかけた鍋の中に入れると、2分程度で「薄皮なしみかん」になります。料理のお手伝いに関心がない場合は、このような簡単な実験で遊びながら「かさの感覚」を身につける工夫をしてみてください。

4-8 手を動かし、試行錯誤を楽しむ

実験教室はリトマス試験紙として

理系に育てたい親御さんが、習い事の候補としてよく挙げられるのが**実験教室**です。習い事は、**お子さんが楽しそうに行っているかどうかが大切**ですから、実験教室を楽しみにしているようなら、続けさせたらいいでしょう。

しかし、実験教室の場合は、親御さんが知っておくといいポイントが一つあります。実験教室はいろいろな実験を目の当たりにできることから、子どもからするとマジックを見に行くような楽しさがあります。

ですから、楽しそうに通っているというだけで、理系に向いていると思い込むのは

早計で、理系が好きになる芽があるかどうかを見るリトマス試験紙のような役割として捉えておくといいと思います。**「もしかしたら理系の芽が見えるかも」**というくらいのラフな心構えでいるのがちょうどいい感じです。

実験教室は人気で、実際に行きたがる子どもは多く、通ったことで理科の楽しさに目覚める子が出てきます。そのなかに「今日の実験を自分でもやってみたい」と言う子が一定数出てきます。

私たちが授業で教えたことや問題集の中に出てくる実験を「先生、これって、自分で実験できる？」と興味津々で聞いてくる子もいます。必要なものはドラッグストアで数百円で揃えられることや、親御さんがいるときに一緒にやろうねと伝えると、次に会ったときに「やってみたよ！」と意気揚々と報告してくれます。

そういう子は理系が伸びます。親御さんは、実験教室で**お子さんの心が動いているかどうかを観察してみるといいでしょう**。自分で道具を調整したり、手順を考えたりすることを楽しめるというのは、とても重要な理系力のポイントです。

コンパスを使えない理系大学生!?

私たちがこれまで見てきて、理系が得意になる子の傾向として挙げられるのが、**「手を動かすのが好き」**という特徴です。生まれつきの手先の器用さや不器用さもありますがそれだけでなく、自分の手で何かに触れて試行錯誤することを厭わないという傾向も含みます。

算数ができない子は、まず、3年生の授業で扱うコンパスがうまく操作できません。

コンパスで円を描くには、定規などで半径を決めてその長さにコンパスを開き、円の中心点を定めた場所（紙の上など）に針を立てますね。コンパスの足には触れないようにして上部をつまむように持ち、鉛筆が先についているほうの足を紙に下ろして、時計回り（左利きは反時計回り）にくるっと円を描きます。

鉛筆側の足を紙に下ろす位置にも工夫が要り、変なところから始めるとくるりと回らずに指がねじれたり、円がガタガタになったりします。そんなこんなで苦手意識が先に立つと、こうしたコンパスの仕組みを感覚的に理解することから遠ざかってしまいます。

工学系の大学では、ほとんどの学科の1年生の教養課程で図学があります。コンパスを使って自由自在に投影図から実物の長さを書くという、いわゆる製図をするのですが、このとき非常に苦労する学生がいます。トップクラスの大学に合格しながらも、コンパスの仕組みが感覚的に身についていないと後々困るわけです。

それは、コンパスだけでなく分度器でも同様です。つまり、**実物に触れて、実感を持ちながら行う作業をたくさん経験したうえで、**コンパスや分度器が必要な問題を解いているのか、地頭のよさだけで作業や段取りを覚えて解いているのか、そこに大きな差が生じます。不得手でも不得手なりに骨を折らず、実感がないまま作業で覚えている子は、最終的に理系の道に進まない例が少なくないのです。

実験キット、体験学習も活用

試行錯誤を楽しみながら賢くなっていくには、一般に販売されている実験キットを利用するのも一つの方法です。4年生以上向けが多いのですが、「理科実験材料・ものとけ方」（ダイワ）、「ふりこ実験セット」（アーテック）など多種多様です。

このようなセットだけではなく、販売店でいろいろな実験道具を見たり手に取ったりさせることも効果的です（ｓｃｉｂｏｘ（科学のおみせ：サイボックス）・東急ハンズなど）。また、実験道具のサイトを子どもと一緒に見ることもおすすめです（ケニスオンラインショップ・ハンズネットストアなど）。

科学実験に限らず、旅先での「ろくろ体験」「ガラス作り体験」といった体験も、理科とつながっています。お子さんの趣味嗜好や個性が見え始める年代だからこそ、**親御さんの観察力がお子さんの可能性を広げるきっかけになります。**

4…9

「算数苦手だね」「理科嫌いなの？」は絶対に口にしない

親子の連携という環境づくり

将来を考えたとき、小学校低学年はまだまだ余裕がある年代です。親が勉強を見るにしても、じっくり向き合ってあげられます。

子どもは、教科書で勉強しながら「何でかな？」「不思議だな」という気持ちを本来は持つものです。ところが、親がテストの点数ばかり気にしていると、その「なぜ？」という知的好奇心を押し殺して「覚えなくちゃ、覚えなくちゃ」と焦ってしまいます。

親御さんは、**テストの点数がよく、問題集の問題も解けているからＯＫと思わず、**

お子さんを日々よく見てあげてください。

そして、算数で少しでもけげんな顔をしたら、お金やおはじきなどの実物を触ってみる。大きくつまずいてしまっているようなら、学校の先生、地元の学習塾、学習セミナーなどで専門家に相談してみる。

理科でわからないことがありそうなら、一緒に図鑑を開くなどして調べてみる。簡単な実験をやってみる。

そういう**親子の連携が自然に行えるような環境づくり**に、心をくだいてほしいと思います。

基本的に、**先取り学習は考えなくていいでしょう**。本章で見てきたように、算数はまずは一つの計算を正確に、算数のルールをわかったうえでできていれば、あまり心配いりません。とくに低学年の理科は遊びみたいなものですから、楽しんで経験できるかどうかを親御さんは見てあげてください。

お子さんが興味ある分野や好みが見えていたら、知的好奇心はそれはそれで存分に深めていきます。それとあわせて、教科書レベルの計算や作業が何のストレスもなく正確にできるよう、**この二つの車輪がうまく回るように注意を向けていくことが大切**です。

理系力を支える二つの車輪

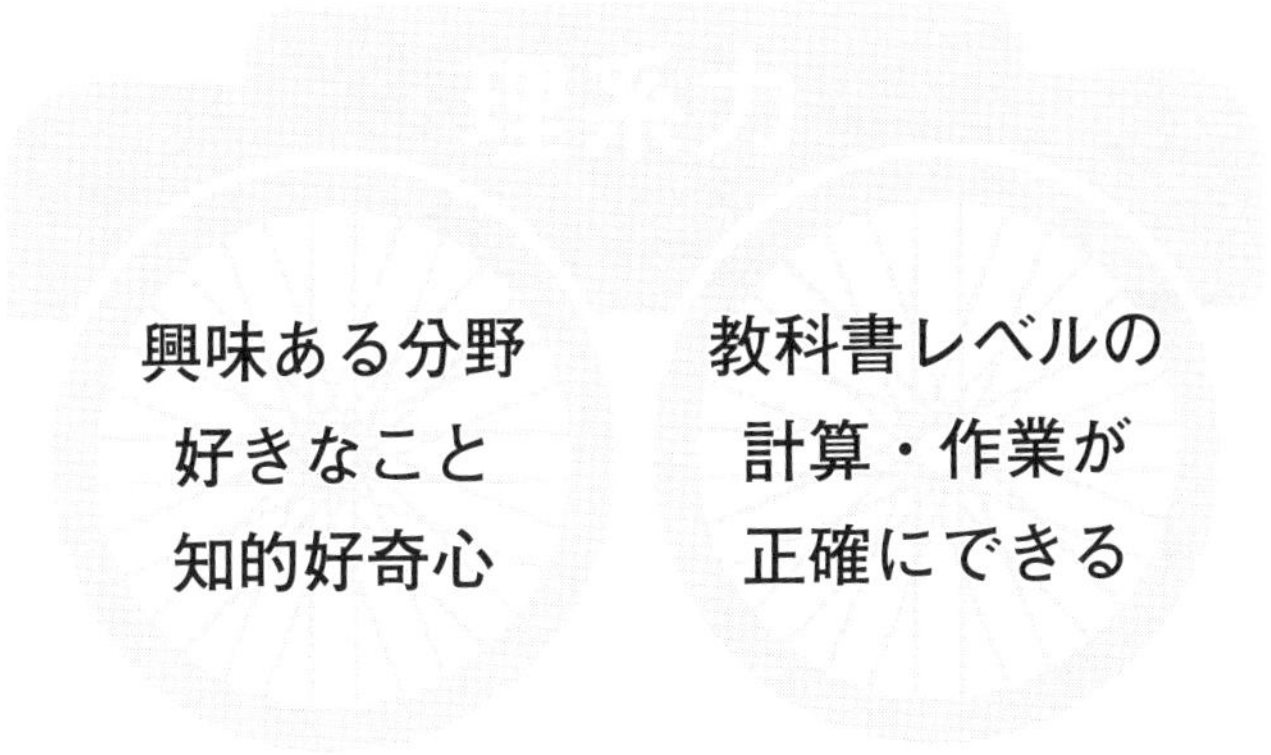

先回りして子どもの失敗を占わない

二つの車輪がうまく回っていない場合、親御さんは心配からついつい「このままじゃあなた将来大変だよ」「これからもっと算数は難しくなるんだから、落ちこぼれるよ」といった言葉を口にしがちです。しかし、**こうした先回りして子どもの失敗を占うタイプの声かけは避けるべき**でしょう。

「落ちこぼれるよ」「次のテストもまたダメなんじゃないの」と言われたら、本当にそうなっていきます。親がかける言葉は、子どもにとってエールになると同時に、悪魔のささやきにもなってしまうのです。

自分が理系が苦手だった親御さんはとくに、「やっぱりあなたも算数が苦手ね」「理科が嫌いなのは、お母さんと一緒ね」などとポロリと口にしてしまいがちですが、それを聞けば、「苦手」「嫌い」が刷り込まれます。

親御さんの言葉が理系の道を遠ざけてしまうことにならないよう、「苦手」と言わずに**「これからこういう勉強をしていこうね」という言い方を意識するとうまくいきます**。

大人の会話に子どもを交える

2章でもお話ししたように、子どもたちが安心して学んでいくには心から安心できる環境が必要で、そのために欠かせないのが親子のなごやかな会話です。この年代になったら、親御さんは**子どもを「小さい子」扱いしない態度を意識する**と、親子の会話も変わってくるかもしれません。

よく、「大人の話に子どもが首を突っ込むな」といわれますが、私たちの経験上、

勉強がよくできる子は、大人と接する機会に恵まれています。そういう子は、親に限らず大人が大人の言葉で手加減せずに話している状況や、有無を言わせず大人の話をされるという経験をしています。

物の値段が上がっていることや、戦争が起こってたくさんの命が失われていることなど、子どもも気になっています。でもそれを話す言葉を知らないから話題に出せないだけで、本当はいろいろ話してみたいと感じています。親御さんの友人との会食や親戚の集まりの際、大人は大人同士、子どもは子ども同士となりがちですが、子どもを交えて話をしてみてはどうでしょう。**子ども扱いはやめてみる**のです。

そして、**「どう思う?」**と聞いてみましょう。「わかんな〜い」と言うかもしれませんが、それはそれでかまいません。**「お父さんもお母さんもわかんないから、一緒に考えてみよう」というスタンスが伝わればいい**のです。

これは、子どものためというよりも、親御さんが「子どもにどう伝えたものだろうか」ということを考えるいい機会になります。感情に任せてものを言ってもいいことは一つもないこと、そうなりそうなときどうしようかということを、日常の会話から糸口を見つけるきっかけになります。

第5章

理系で将来の進路を開く！4年生以降のここがカギ

1分でわかる！ 第5章

4年生くらいになると、わが子に理系力があるかどうか見えてきます。中学受験を選択する場合は、学習環境が大きく変化します。これまで養ってきた理系力を将来へつなげていけるかいけないか、親のかかわり方しだいでどちらにも振れてしまうのがこの時期です。「両親ともに理系」というご家庭にも落とし穴が待っているかもしれません！

理系にまつわる3つの誤解

1 頭の中でできる計算は、書かずに済ませたほうが有利

2 理科の実験は複雑な手順を覚えることが重要なテーマ

3 理系に進むなら高学年の算数を方程式で解くくらいラクにできるはず

高学年になり毎日の
学習時間を増やしたので、「激伸び」を期待している

間違えた問題を解き直した後、必ず「わかった？」と確認する

子どもをダメにする親のNG行動

思春期、反抗期に入れば、親子の会話はLINEになっても仕方ないとあきらめている

勉強の達成感を得られるよう、分厚い参考書よりも薄いものを何冊も与えている

5-1 「理系の芽」が見えてくる10歳前後

子どもの世界がガラッと変わる年代

10歳前後は、子どもの発達面において変化が見られる年代です。

体はぐんぐん成長し、活動範囲が広がり、社会的な事柄にも関心が向き始めます。心の発達としては、自分を客観視できるようになります。それと同時に、自分以外にまったく別の存在の他人がいるという感覚がわかってきます。言い換えれば、**他人を意識し、周囲との比較をし始める時期**ですので、**劣等感が生まれやすく、自己肯定感が下がりやすくなる時期**であるということを、親御さんは知っておくといいと思います。

勉強の面では、**科目の得意不得意や好き嫌いが見えてくる年代**といえます。それは、この年代の子どもの頭脳の成長と無関係ではないでしょう。

4年生くらいになると、たとえば、算数の「リンゴを友達2人に3個ずつあげたら、残りは9個になりました。はじめにリンゴは何個ありましたか」という文章問題を、線分図に起こして考えることができるようになります。

先に、ピカピカのリンゴを丸に置き換えるイメージの例をお話ししましたね（3章P109）。「リンゴを3個ずつ」をリンゴのような丸を3個描いて理解していたところから、線分図を3・3・9に分けて「こういうことだよね」という置き換えができるようになっていくのがこの年代です。**抽象的な理解が進む**のです。

理系に向く子の思考傾向

算数の和差算や鶴亀算も、線分図を用いるなどして問題文の内容を視覚化して解いていきます。たとえば、「AさんとBさんは合わせて37個のコインを持っています。AさんはBさんよりも13個多く持っています。Aさんのコイン数はいくつですか」といった和差算を、「仮にこうだとして」と線分図に起こし、解いていけるようになっていきます。

そういう考え方で解けるようになると、それが心地よくなってくる子が出てきます。こうした考え方を使うのが好きで、得意だと感じたり、肌に合う子は、理系へ進む可能性が高いといえます。

つまり、**理系の才能が見えてくる最初の時期が、この年代だといえる**でしょう。

逆に、「こういう考え方を理解させるのにすごく時間がかかるな」「どうにも向かないな」という子もわかってくる時期でもあります。

4年生くらいから、算数や理科の勉強の難度が一段階上がり、いわゆるつまずきポイントが増えることから「10歳の壁」とよくいわれますが、その理由の一つに、こういうこともあるのです。

「納得感」が学力の源になる

理科も同様に、電流やてことといった目に見えない物理的な現象の学習に進みます。

とくに理科は、**これまでの身体感覚や過去の経験と、それに付随する理屈の部分を重**

ね合わせて、抽象的な理解が可能になります。裏を返せば、だからこそ、小さい頃からの感覚の記憶といった経験知がものすごく重要です。それはもちろん、物理、生物、地学、化学のどの分野でも同じです。

新しい知識や考え方に触れたとき、大人の場合は、それらがもともと大脳に収納してあった知識に自然につながり、「なるほどね」「そういうことか」という**「納得感」と一体となって、新しい知識として定着します**。

ところが、幼少期の子どもは、もともと持っている知識が少ないので、新しく触れた知識や考え方はダイレクトに身体感覚や過去の経験につながります。

そういう年代を経て4年生あたりから、新しく学んだことがそれまでに得た身体感覚や経験だけでなく、それまでは頭の中にフワフワ漂ってまだ定着していなかった知識につながり始めます。このとき感じる「なるほどね」「そういうことか」という**「納得感」が学ぶ楽しさや難しい問題に挑む気力を育てます**。

学習における納得感とは、知識を頭の中にしっかりと定着させる接着剤のような役目があります。10歳前後のこの時期の学習は、今後、高学年から中学校、高校で受け取る知識の受け皿にもなっていく非常に大切なものです。

5-2

「納得感」ある学習の積み重ねで理系力を伸ばす

基礎的な計算学習は毎日10分から15分

4年生からの理系の勉強の進め方について、具体的にお話ししていきます。

算数で気をつけたいのは、計算を中心とした処理力については十分に鍛える必要があるということです。**処理力とは、速さでもあり、正確さでもあり、その両方のことを指します**。十分に鍛える必要があるといっても、4年生になったから問題集をどんどん増やしていきましょうという話ではありません。

先に説明したとおり、教科書準拠の問題集を基本に、1日10分から15分の学習で十分です。

大切なのはそういう基本的な学習を行いながら、**なぜその答えになるのかをちゃんと体感でき、習ったことが当然正しいものとして身についているかどうか**です。「とりあえずこれ覚えときゃ答え出るし」と要領よく暗記重視の勉強に流れてしまうと、理系からは本当に遠ざかってしまいます。

学力が不安定な子の「わかったつもり」

私たちがこれまで見てきて、高学年になって成績が安定しない子にはある特徴があります。とくに近年のお子さんの傾向ともいえるのですが、**「わかったつもり」**でいることです。

算数の問題を解き終わった後、なぜ間違ってしまったのかについて私たちがひと通り説明をし、「わかった?」と聞くと、「うん」「ふん」などと返します。ひと昔前は、ほとんどの子がわからないときは「わからない」と返すものでしたが、最近は変わってきました。

今の子どもたちは多様な教育の機会に恵まれているからこそ、日常をアタフタと忙しく過ごすケースが多く、一つのことにじっくり取り組む習慣がつきづらくなっているのではないかと感じます。

次々とタスクをこなしていく必要があるため、勉強でも次へ次へと気持ちが焦り、「わかったつもり」になっている――。

「わかったつもり」というのは、まったくわかっていない状態とは違いますから、難しい問題にもときどき正解できます。これがやっかいなのです。

最上級の「わかった」が揺るがない自信になる

意図的に「わかったふり」をしているのではなく「わかったつもり」になっているのだとしたら、先々を考えると不安です。そこで、できるだけ早い時期に「わかったつもり」状態から抜け出す学習にシフトしていくことが求められます。

その方法としては、親御さんが**「どうやって解いたの？」と問いかけてみる**ことです。説明が自信なさげでしどろもどろだったり、聞かれるのを嫌がって不機嫌になるようなら、本当の理解はできていない証拠でしょう。「わかったつもり」状態だと捉えたうえで、問題集の解説を一緒に読むなどの対応をしていきます。

しかし、一番いいのは、今言ったことを子どもが自分一人で行うのが当たり前になることです。算数の問題を解くとき、「この公式を使うので合っているかな?」「他の解き方ってあったっけ?」と**自分で自分に問いかけながら、**「きっとこの方法で解ける」と**自分で自分に答え、正解を導き出す**。

正解できたら、「やった!」「難しい問題が解けた!」とうれしくなりますね。このとき子どもは喜びを感じるだけでなく、「なるほどね」「こういうことなんだ」と納得します。この**納得感が「わかった!」という感覚**です。

4年生くらいの年代は、子どものなかで客観性が育ち、「もう一人の自分」の目で自分を見られるようになります。だからこそ自問自答ができるわけで、10歳以前の子どもには難しい感覚です。

ただ、自分で自分に問いかけられるようになるには、親御さんから「どうやって解いたの?」と聞かれ、真剣に考えてみたといった経験が支えになります。そこで、お子さんに「わかった!」をもたらす声かけのコツを紹介しておきましょう。

「わかった！」をもたらす声かけのコツ

「何がわかっているの？」

「何を聞かれているの？」

「何を書けば解けそうな気がする？」

「何がわかっているの？」（問題にはどんな条件が設定されているのか）

「何を聞かれているの？」（どんな結論を求められているのか）

「何を書けば解けそうな気がする？」（どんな計算や図が必要になるのか）

親御さんのこんな問いかけが、じわじわとお子さんに刷り込まれ、やがて自分の頭の中で自動再生されるようになっていくのです。

5-3

図やしっかり書いて解く習慣が理系には必須

得意だった理系が高学年で下降を始める理由

数の数え上げを学び始めた幼少期の頃から、**「なるほど」を積み重ねて子どもは賢くなっていきます**。「わかったつもり」の先に「わかった！」はあり、**子どもが納得感を持って答えを出していけるようになると、学力は安定的かつ飛躍的に伸びていきます**。ところが、小さい頃から「計算速いよね」「ひらめき力がすごい！」と理系的な才能を認められてきたうえに、本人も算数が好きなのにもかかわらず、最終的に伸び悩んでしまう子がいます。

中学受験を目指す子どもたちのなかにも、４年生の時点では成績がよかった理系科目が5年生の終わり頃から停滞を始め、6年生になると徐々に下降してしまう例が毎年必ず出てきます。そういう子の親御さんが必ず口にするのが、「うちの子、すごく勉強しているのにどうして成績が上がらないのでしょう?」という言葉です。家でも塾でも毎日勉強しているのに成績が上がらない子の多くは、たくさんの量をとにかく速くこなすことが大切な勉強だと思っています。そして、親御さんもそう思っています。

ただ、私たちからするとその理由はノートを見れば一目瞭然です。

フリーハンドで描く練習を

図形問題を解く力は、図を描く力に大きく左右されます。これは、日々子どもたちを教えていく私たちの経験則です。

「直角二等辺三角形ABCにおいて……」という図形問題を「じゃあ、自分で図を描いて考えてごらん」と言ったときに、ちゃんとそれらしく描ける子と、正三角形に近いものを描いてしまう子の正答率は大きく異なるのです。正三角形を描いてしまう子の多くは、等しい長さの辺を見誤ったり、角度のカン違いをします。

対策としては、図を写す作業ではなくて、**図を描き起こす練習が効果的**です。たとえばこんなふうにです。

「平行四辺形ABCDにおいて、辺ABの中点をMとし、直線MCとBDの交点をNとします」。これを見本の図を見ずに描く練習をします。「平行四辺形だな、そうすると……。あれ、ゆがんじゃった」「え〜と、ここがMだな、そうするとMCはこれでBDがこれだからNはここだ……」というような独り言をブツブツと言いながら描いていく練習です。

それを繰り返すことで、図形の特徴が身体感覚にすり込まれていきます。「**描きながら考える**」「**考えながら描く**」ことで図形問題は解けるようになっていきます。

図や表を書くのを嫌がる子の場合は、まずは教科書や問題集を書き写すことから習慣づけるといいでしょう。ノートは大きく使い、詰め込まずスカスカ状態でよいことを教えます。落書きもどんどん自由にさせます。手を動かして書くのが楽しくなることが大切です。そうすると、物差しを使わなくてもフリーハンドでササッと図や表を書き、問題に臨めるようになります。まだお子さんが小さい場合は、落書き大歓迎という家庭環境を心がけていくのがいいでしょう。

「頭の中で計算できるもん」がアブナイ

計算ではどうでしょうか。計算問題だけではなく、文章問題を解く際にも計算を使います。その計算を暗算力に頼って答えを出す子どもたちがたくさんいます。暗算力があることは、算数において大きなアドバンテージになります。しかし、暗算力があるのに計算ミスを頻発する子どもたちは多いのです。その特徴は、**式を書かない、暗算結果のメモを残さない**の二つです。

人の頭脳は、シングルタスクだといわれています。同時進行で複数の頭脳作業ができる人もいるのですが、それはシングルタスクを素早く切り替えながらやっているに過ぎないようです。

また、人のワーキングメモリーにも個人差があるといえ、容量には限界があります。たとえば、「38×6」の暗算を、この場所から目を離してやってみると実感していただけると思います。「8×6＝48」と頭の中で九九を唱え、「1の位は8だな、繰り上がりは4だな」と確認した頃には、「あれっ、元の問題って何だっけ？」となった方も多いのではないでしょうか。元の問題の数字、1の位の数字、繰り上がりの数字をほんの数秒間だけ頭に置いておく短期記憶、これがワーキングメモリーです。それには限界があることをご理解ください。とくに正確に覚えておくことが難しいのです。
「(29＋38)×6」を、途中のメモをまったくしないで計算するのと、「29＋38」の67を「29＋38」の下にメモをして、その数字を見ながら暗算するのとでは頭脳の負担が驚くほど違います。67をワーキングメモリーから取り除いてあげることで、計算処理がサクサクと進むことになります。

それ以外にも、子どもたちがやりがちなこととして、**式を書かずにいきなり暗算を始めてしまう**こともあります。暗算にワーキングメモリーを使いすぎて、「あれっ、今の計算のこれって、何が出たんだっけ?」となったり、「これからどうしようと思っていたんだっけ?」と、それまでにせっかく見つけていた手順をきれいさっぱり忘れてしまうのです。

計算においても、**「書きながら考える」「考えながら書く」**ことが大切なのです。子どもに、「面倒くさがり屋は損するよ!」と話すことが多いのです。それは、**書くという一手間が、正確性を担保したり、思考をスムーズにする効果が高い**からです。

POINT

- 「およそ」「約」「〜に見える」という表現と、「百の位を四捨五入」から、概数でよいことを判断する
- 分数計算に慣れた小学校6年生には、面倒な小数計算
- 図を描き抜く丁寧さ

お父さん：そうだね。じゃあ，今度は，実際の形に近づけるために，サレジオの敷地を折れ線で囲んでみよう。
はやと君：わかった。

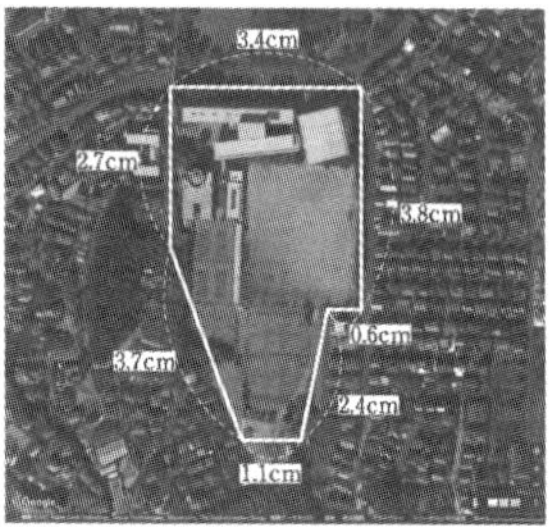

図2

はやと君：こんな感じになるのかな（図2）。ついでに，各辺の長さも測ってみた。
お父さん：すばらしい。よく調べたね！　形は少し複雑になったけど，サレジオの敷地に近い形と見ていいだろう。
これを見ると，2.7 cm の辺と 3.4 cm の辺，3.4 cm の辺と 3.8 cm の辺，そして，3.8 cm の辺と 0.6 cm の辺はそれぞれ垂直に交わっているように見える。
また，3.4 cm の辺と 1.1 cm の辺は平行で，<u>この2辺の真ん中の点を結んだ直線は 2.7 cm の辺に平行になっているように見える。</u>
はやと君：うん。この形なら何とか面積を求められるかもしれない。
お父さん：よし。じゃあがんばって計算してみようか。

（以下，省略）

あいまいな言い方だなぁ

（1）　文中の空らん［ア］〜［ウ］にあてはまる数を答えなさい。

（2）　文中の条件をもとにすると，サレジオの実際の敷地はおよそ何 m² になりますか。
百の位を四捨五入して千の位までの数で答えなさい。ただし，途中の求め方も書きなさい。

描き抜いてみよう

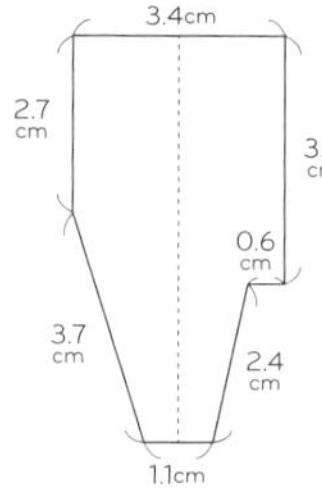

↓

あれ？ この（点線の）長さがわからない。どこに書いてあるのかな？　なんと、問題文のはじめの方に「およそ300m」って書いてある

↓

でも、およその数を使ってもいいのかな？　東西およそ170mってあるから
17000÷5000で3.4cm
上の図と同じだ。
だったら使っていいな

↓

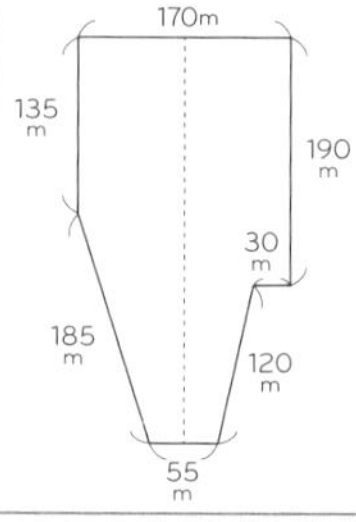

←

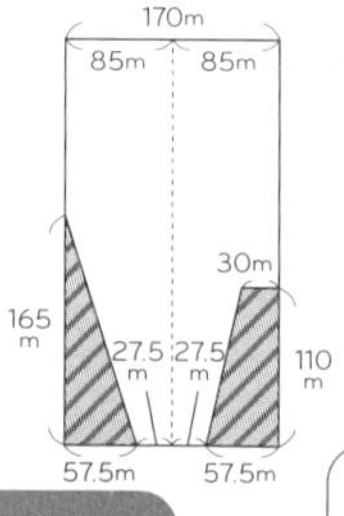

長方形から2つの斜線部分を引けば

41000m²だ！

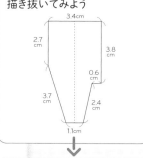

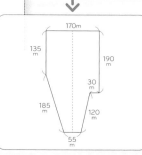

コラム 2　中学入試問題で問われる理系力（算数）

2022年サレジオ学院

[5] 2021年の夏休み。小学6年生のはやと君は，自宅でお父さんと次のような会話をしています。
会話文を読んで以下の問いに答えなさい。

お父さん：はやと，今年はコロナの影響であまり外出しない方がいいから，インターネットを使ってサレジオ周辺の様子を見てみよう。

はやと君：わかった。

お父さん：これがGoogleマップを使って調べたサレジオ周辺の航空写真（図1）。

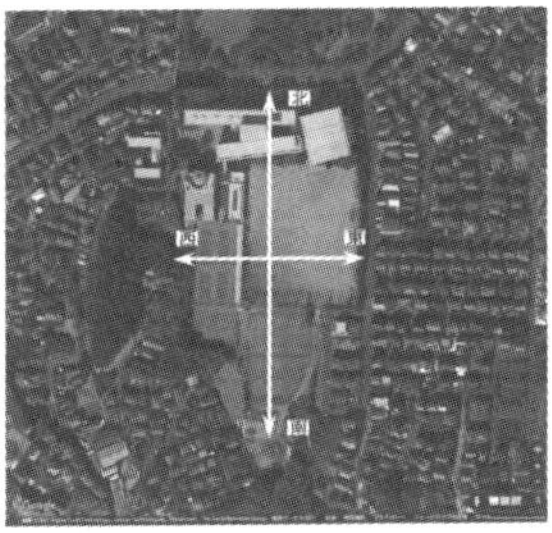

図1

はやと君：へー。サレジオの敷地《しきち》はとても広いね！　敷地の上の方には校舎らしき建物。
下の方には大きなグランドやテニスコートがいくつか見える。

：そうだね。写真の上側がちょうど北側だから，敷地は南北に長い形になっている。
聞いた話によると，サレジオの敷地は南北におよそ300 m，東西におよそ170 mの広さがあるらしい。

：へー。ということは，敷地が長方形なら，その面積はおよそ［ア］㎡位になるよね。

> 楽勝！
> $300 \times 170 = 51000$㎡

…ん：そう。形が長方形ならそうなる。けど，写真をよく見てみると，そんな単純ではないことに気づくよね。

はやと君：うん。じゃあ，サレジオの敷地はどれくらいの広さなんだろう？

お父さん：そうだね。じゃあ，まずこの写真をプリントアウトしてから一緒に考えてみよう。

…君：わかった。

：はやと，地図の右下の直線が見えるかい？　約1 cmの直線に50 mって書いてある。

：うん。つまり，この地図の縮尺はおよそ $\frac{1}{［イ］}$ってことだよね。

> これも楽勝！　50mは
> 5000cmだから1/5000だ

：その通り。この地図でテニスコート1面の縦の長さがちょうど0.5 cm位になっているから，ほぼ正しいと言っていいだろう。そして，グランドの縦の長さは，テニスコート1面の縦の長さのおよそ5倍。

はやと君：うん。実際だと，［ウ］m位ということだよね。

A − 11

> えぇと、何を聞いてるんだっけ？
> グラウンドの縦の長さだ！
> テニスコートの縦は、$0.5 \times 5000 = 2500$cm$=25$m
> だから、25m$\times 5 = 125$m　広い！
> うちの小学校50mでいっぱいいっぱいだもん

5-4 理科の実験で学びを10倍にする

実験をただの作業で終わらせない

4年生までの理科を振り返ると、1年生、2年生の生活科の学習を経て、3年生から本格的な勉強らしくなります。4年生の段階ではまだ経験半分、勉強半分という感じですが、一番大きな変化は実験が始まることです。

たとえば、「すがたを変える水」という単元の実験は、次のような手順で行われます。ビーカーに水と沸騰石を入れ、アルミホイルでふたをします。このとき、アルミホイルの真ん中に穴を開けておきます。ビーカーを実験用コンロにかけると、ビーカーの底に泡がつき、やがて泡が浮き始め、水が沸騰します。

その様子を観察し、この泡が水蒸気という水が温められて目に見えない姿に変わったものであるということ、つまり、生活のなかで身近な水が温度によって姿を変えることを学びます。

このとき、「お母さんが鍋に水を入れて火にかけたら鍋の底にブツブツと泡が浮いていたなぁ」と、不思議に感じていたような子は、「あれと同じ?」「なるほど!」と、謎に感じていた現象が起こる理由が実験によって腑に落ちます。水の特性を知識として自分の中に取り込むことができるのです。

また実験では、アルミホイルの穴から噴き出している白いモヤモヤにガラス棒や試験管を近づけると、その先に水滴がつきます。この白いものが湯気で、湯気も水蒸気が冷やされて小さな水の粒に姿を変えたものだということを確認します。

こうした実験を通して、水が温度によって固体(氷)、液体(水)、気体(水蒸気)の三態に姿を変えることの理解が深まると、日常のなかでの気づきも増えていきます。

ここで例に挙げた実験はとてもシンプルで初歩的なものですが、授業で習う実験の一つひとつに**「なぜこれをやるのか」という目的**があり、その説明は必ず実験を行う前に授業でなされます。しかし、実は4年生くらいだと、なぜその実験をしているのかわからないという子どもは少なからずいるものです。

というよりも、わりと多くの子が、「先生に言われたとおりに作業をするというのが実験」だと思っています。これはとてももったいない話です。日常のなかで感じている「不思議だな」や「謎だ〜」に対する答え合わせの機会をスルーしてしまうことになるからです。

そこで、理科で実験が始まるときには親御さんから、**「実験をやる目的を先生が話してくれるはずだから、ちゃんと聞いておくんだよ」**と言ってあげたり、**「今日どんな実験したの？」「何がわかった？」**と授業の反すうをしてあげるといいでしょう。学習に対するそういう見守り方がこの時期には大切です。

自由研究、読書感想文などにも共通の「思考5点セット」

理科の実験は、**①どうしてそれをやるのかという目的、②そのためにどんな準備をするのか、③どんな実験をして確かめたのか、④その結果何がわかったのか、何がわ**

からなかったのか、⑤自分はどんな感想を持ち、どんなことを考えたのか、という5点セットです。実験はこの5点を意識しながら行うものだということを4年生くらいで理解できていると、理科の授業が楽しくなるだけでなく、理科が得意になる可能性が高まります。

この5点セットは、実験や研究の本質が集約されている、いわゆる思考の型です。調べ学習の発表や自由研究にも活用できます。これを意識しているとそれらしく仕上がりますし、子どもの理解も深まります。何よりアウトプットがラクになるという大きなメリットもあります。

読書感想文を苦手とする子はたくさんいますが、この型を身につけていれば、ひたすらあらすじを書いて終わったということがなくなります。なぜこの本を選んだのか、共感ポイントはどこだったのか、そんなところに思い切り力を入れて書こうという視点が持てるようになります。

実験をはじめとする一つの課題から、**学びの「深度」に大きな差が表れ始めるの**が、4年生くらいからということができるでしょう。

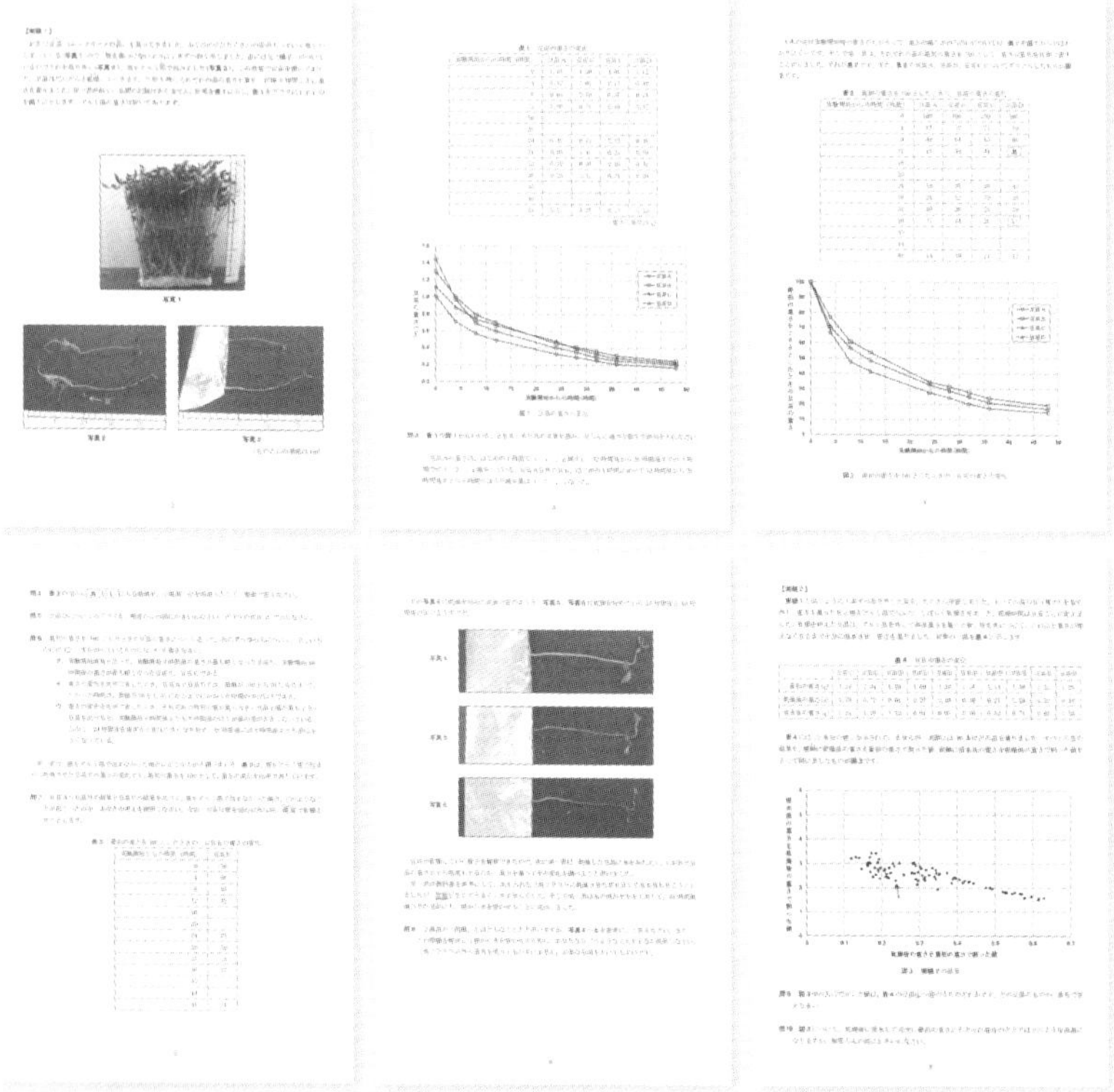

２０２２年の栄光学園の理科の問題では、実際に行われた実験の様子を追いつつ、なぜその実験をしているのか、その実験で何を確かめようとしているのかを理解しながら作業することが求められています。７ページにわたる問題を順に考え作業していく（これだけでとても大変です）うちに、その理由は最終問題である問11で明かされます。

この時点で「なるほど、そうだったのか！」と感じられるかどうかがポイントです。

この実験（問題）では「豆苗をどのくらい乾燥させてしまうと、ふたたび水分を与え

コラム 3　中学入試問題で問われる理系力（理科）

2022年栄光学園

ここを読んで「なるほど!」

栄一君がこの実験を始めたきっかけは、水やりを忘れて野菜をしおれさせてしまったことでした。あわてて水をあげると、次の日には葉がしっかりして元気を取りもどしていました。植物の生命力におどろくとともに、いったいどこまでたえられるのかという疑問がわいたのでした。もう一日水やりを忘れていたら枯れてしまったのかもしれません。

植物がしおれるのは、乾燥して水分が減ったからです。しおれてしまっても再び水をやれば、水を吸って元通りに回復することもあるのです。乾燥させすぎれば、元にはもどらないこともあります。

問11

栄一君の「どのくらい乾燥させると元にもどらなくなるのか、どれくらいまでなら元にもどるのか。」という疑問に対して、図3と問10でかきいれた曲線を参考にして答えなさい。

表4　豆苗の重さの変化

	豆苗①	豆苗②	豆苗③	豆苗④	豆苗⑤	豆苗⑥	豆苗⑦	豆苗⑧	豆苗⑨	豆苗⑩
最初の重さ(g)	1.24	1.34	1.28	1.09	1.24	1.16	1.14	1.38	1.21	1.29
乾燥後の重さ(g)	0.78	0.73	0.61	0.37	0.39	0.30	0.27	0.29	0.22	0.18
吸水後の重さ(g)	1.24	1.29	1.22	0.91	0.95	0.76	0.62	0.71	0.62	0.58

乾燥させても水分を再び与えることで、もとの重さに戻る豆苗のグラフ

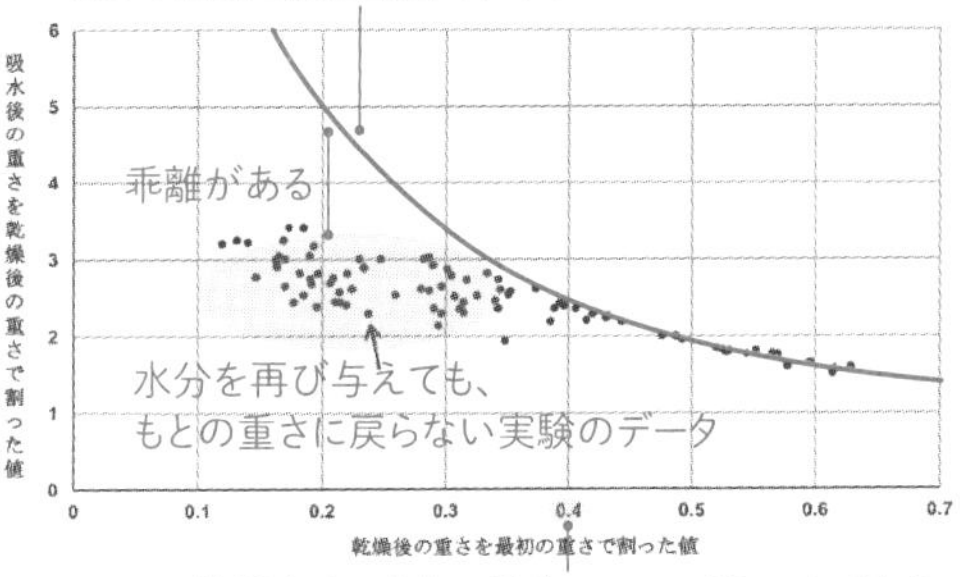

乾燥させてもとの重さの40%くらいまでなら、再び水分を与えることでもとの重さに戻る

てももとに戻らなくなるのか」を確かめようとしていて、計算によって求められたグラフ（自分で計算し、上記［図3］のグラフの曲線として書き込む必要があります）と実際の実験の結果を比較することで、右記の疑問が解決するところまでを「体験」できるようになっています。

　このような問題を「楽しんで」「まるで実際に栄光学園の先生の授業を受けているように」取り組める子は、確実に理系の力を伸ばしていけるといえるでしょう。

5
5

理系親が得意を生かすコツ、文系親がうまく並走するコツ

理系出身に多い「方程式父さん」

4年生以降の勉強がそれまでと大きく違うのは、親御さんにとって教え方が難しく感じられる点かもしれません。理系に苦手意識がある親御さんや、学校での教え方が昔と今では違うことを気にされている方からよくそういう声を聞きます。

確かに、子どもが学校の勉強で苦戦している箇所があるとき、「ちゃんとわからせないと」と構えがちです。お子さんの将来を真剣に考えるからこそ、間違えてはいけないと力んでしまう気持ちもわかります。

その点、親御さんが理系ならば有利かというと、実はそうとも言い切れないので

す。私たちが最近よく出会うのは、小学生の算数を自分が得意な数学で教えてしまうタイプの親御さんです。

算数をなんとかしてほしいということでお宅を訪ねると、ノートには数学の方程式が書いてあります。算数は数学の基盤となる科目ではありますが、まだ算数を習っている過程の子どもにいきなり方程式を理解しろと言っても無理です。

しかし、この手の「方程式父さん」の例は枚挙にいとまがなく、「方程式母さん」もいますし、理系出身の「方程式ご両親」もいます。

子どもの一日の学習計画を分単位で作成し、子どもに守らせようとする「エクセル父さん」。ビジネスの業務改善として導入されるPDCAサイクル（計画・実行・評価・改善）風なものを取り入れたものの、中途半端になりかえって子どものモチベーションを下げてしまう「PDCA父さん」。

いろいろなタイプの親御さんがおられますが、みなさんに共通するのは、自分が得意だった勉強のやり方や仕事で成果を出した方法を、そのままやらせるのがベストだと信じておられること。そして、それが未達成だと「うちの子はできない子だ」と決めつける傾向にあることです。

勉強熱心だった方がなりがちな「満点解答母さん」

他方で、理系出身であることを存分に生かしている親御さんもおられます。うまくいく方は何をしているかというと、得意な数学を生かして、事前に算数の問題集の解説をしっかり読んでいます。

数学から離れ、算数的な教え方をするには何をどう言えば伝わるのか、言葉を吟味しながら勉強を見てあげています。もちろん、文系の親御さんでも同じようにして、上手に学習のフォローをしている方もいます。

親御さんが理系か文系かに限らず、子どもの勉強を見るときに気をつけるといいのは、**「どうして間違えちゃったんだっけ？」と振り返り、「こうすればよかったんだ！」と納得感を得られる機会を増やしたり、一緒に見つけたりすることです。**

間違えた問題ができるようになるまで、何回も何回も作業を強いることではなく、ましてや勉強しているかどうか見張ったり監視したりすることでもないのです。

以前、学校や塾のテスト結果をすべてエクセルに入力し、全部解けるようになるまで繰り返し勉強をさせていたお母さんがいました。その方は、心のどこかで自分がやっていることが本当に子どものためになるのかどうか不安を抱えていました。

当然ながら、おすすめできる方法でも褒められる方法でもないのですが、なぜそうなってしまうのかという理由は少しわかりました。ご自身が勉強熱心で真面目なうえに優秀だった方ほど、「満点解答」信仰になっているのです。

できなかったところは徹底的につぶして、満点を取るための作業をするのが勉強だというのは大きな誤解です。それをお子さんにやらせていると、親子ともども非常にしんどくなってしまいます。

見直しのネガティブなイメージを払う方法

子どもはだいたい見直しを嫌います。「見直しなさい」「できるまでやりなさい」と言われて、マイナスイメージを持たないわけがないです。ほとんどの子が、間違えたことを非難されている気持ちを持ちながら解き直しをすることになるからです。

ただ、学習を確かなものにしていくには、見直しは必要です。そこで、責められているような気持ちをいかに持たせないかという演出をしてほしいのです。

コツは、**「今この間違いに気がついてよかったね！」「ラッキーだね〜」といった雰囲気が出せるかどうか**です。そんな声かけができれば、見直しのネガティブさが払拭され、子どものやる気も出ます。ちょっとした言葉遣いが子どもの行動を変えますし、親御さんもうまく並走していけるでしょう。

自分は理系のことがよくわからないということが不安やイライラの原因になっているようなら、専門家に早い時期からちゃんと頼るという視点も必要です。セミナーに参加して情報を得るなど、一歩踏み出す勇気が必要です。

5-6

備わっている文系力を生かしつつ、理系力もアップさせる

「文系に比べると理系ができない」という悩み

中学受験では、ほとんどの学校が算数・国語・理科・社会の4科目を課しています。

男子御三家の開成中学校の4科目の配点は、算数と国語が85点、理科と社会が70点。近年、理系に力を入れている豊島岡女子学園中学校は算数と国語が100点、理科と社会が50点。理社の配点が算国よりも低い学校がほとんどですが、なかには4科目すべて100点という筑波大学附属駒場中学校のような学校もあります。

難関校ほど各科目ごとの出題傾向が明確なので、お子さんの学力プラス得意な出題傾向を合わせて判断し、受験校を絞っていきます。志望校を最終的に決めるのは6年

生の11月頃ですから、中学受験をする場合はそのあたりまでにお子さんが理系傾向かどうか、あるいは、希望する方向性が本人を含めて「見えている」といいでしょう。

しかし、中学受験をするかどうか迷っていたり、理系に育てたいけど中学受験は視野にないというご家庭もあるでしょう。また、理系に育てたい気持ちを持ちつつわが子を見ていて、「まだどっちかわからないけど、文系かな?」と感じている親御さんもおられることと思います。

小学生の時点では、理系科目の算数と理科ができない子にもいろいろなレベルがあり、よくある親御さんのご相談が「文系の科目と比べると理系ができない」というものです。とくに、文系の科目がわりとできる子で、それに対して算数や理科がまったくダメというわけではないけれど、少し苦手意識があるという場合、親御さんとしては悩みどころでしょう。

「言葉の理解」を深める工夫を継続

理系に進むか文系を選ぶか、お子さんの将来はまだわかりませんが、親御さんはお

引き続き「言葉の理解」を深める工夫を

漫画もＯＫ

音読も有効活用

小学生新聞はおすすめ

本は「ふりがなの有無」がポイント

子さんを見守りつつ、常に学力のベースを養う工夫を続けていってください。

理系を下支えするのは論理的思考力です。この論理的思考力は、先にもお話ししたように、言葉の理解を深めることで高めていけます。ですから、読書量やさまざまなジャンルの文章に触れる機会を増やしながら、文章や言葉に触れる楽しみを教えてあげるといいと思います。

漫画でもけっこうですし、小学生新聞の購読もおすすめです。小学生新聞がいいのは幅広い知識が得られるだけでなく、ふりがながふられているので子どもが一人で読めるからです。ストレスなく読み進められると読むのが好きになりますし、言葉のストックを増やしていけます。**ふりがなの有無は本選びの大きなポイントといえます**。

子どもの成長とともに手を抜きがちになる**「音読」**も、もっと有効活用してほしい習慣です。

たとえば、宿題に限らず、勉強とは関係ない本を読んでいて子どもがわからない箇所があったら、「声に出して読んでみたら？」「お母さん読んでみるね」と音読してみると、「そういうことか」「わかった」となることがあります。

黙読では読めているようで読めていない内容が、**声に出して読んだり音を聴いたりするだけでスッキリ理解できる**のです。親子で一文ごとに交替で音読すると、音読の楽しさも増します。

将来の進路選択までにできること

文系が得意な子は文系の力をしっかり養いながら、計算を中心とした処理力を鍛える習慣を続けていくことで、備わっている文系力を生かしながら、理系力を高めていけます。

公立の中学校へ進んだ場合も小学校時代と同様、数学の教科書準拠問題集を2種類、授業進度に合わせて毎日1、2ページずつこなしていくようにします。

本格的な進路選択はほとんどの場合、高校2年生です。その選択が、子どもが将来どんなことをやりたいか、何になりたいかという話は横に置いておいて、現実的には理系科目の点数がいいか悪いかだけで決まっている雰囲気があります。

「とりあえずいい大学に受かるにはどっちが有利?」と考えて進路を決める方が非常に多いように感じます。いい大学を目指すこと自体は悪いことではないのですが、もうひとがんばりすれば理系科目もちゃんと伸びるであろう素地が備わっている子が、そこであきらめてしまうのは本当にもったいないことです。

理系か文系かは、生まれ持った素養だけでなく、その子が10数年なりの時間のなかでどんなものに触れ、何に感銘を受け、好奇心を抱いたかによってアップデートされていくものです。お子さんがまだ小さい今こそ、可能性を最大限に広げてあげられる日々の習慣を大切にしていきましょう。

5-7 将来の高校・大学進学で理系の道を選んでいくために

公立中学、公立高校で理系力を伸ばす勉強法

お子さんの将来のもう少し先へ、視野を広げてみましょう。

公立中学校へ進んだ場合、ゆったりとしたカリキュラムで、丁寧な授業を受けてきた公立出身者の多くは、高校になるといきなり進度が速くなりまごつきます。私立の進学校の大半が、中2で中3の範囲を終え、中3からは高校の学習内容に入っていくのに比べて、ほぼ1年遅れていることになるからです。

まず、授業のペースについていく学習習慣をつけること。そして、**式をしっかりと書いて解いていくことが、理系へ進むには欠かせません。**

高1の最初の中間テストでは、答えは全部合っているのに、式や説明が書かれていないために0点ということがよくあります。中学の数学は、一部の単元を除いて式の書き方が重要視されていませんが、高校になるとその問題をどのように考えて問いたのかまでチェックされ、いきなり採点が厳しくなります。

だからこそ、**「書きながら考える」「考えながら書く」**ことが理系の学習には大切になるのです。

理系をあきらめて文系にするきっかけは二つ

理系と文系の両方の可能性を見据えながら勉強を進めてきた子が、高校の進路選択で理系をあきらめるきっかけは二つあります。

一つ目は、数ⅡBで内容が難しくなることです。数ⅠAまではパターンの丸暗記でもなんとかなっても、数ⅡBではしっかりとした理解が前提となります。とくに三角(比)関数の公式が分かれ目になる生徒がたくさんいます。**「公式は覚えきってはいないが、いざとなったら自分で導き出せる」という学習が必要**になってきます。

二つ目は物理です。物理は最初に運動方程式を学習しますが、これも公式の暗記で乗り切ろうとするといきなり行き詰まります。ここをスムースに通過するには、「文字式の計算力＋2次関数の知識＋物理の運動の知識」を組み合わせる必要があります。やはり、問題に応じていざとなったら公式を作ることができる、何問も解いているうちに公式を覚えちゃった、といった学習が必要です。

この運動方程式は、まさに身体感覚を問題を解くときに使えるかどうかが大きな要素となります。ものを投げ上げた場合、一番上で上昇は一瞬止まるというような、当たり前の事柄をイメージできるかどうか。これを「最上点では上向きの速さ＝0」という公式だと思わないことです。

数学で挫折しない独学法

こうした分岐点をクリアしていくには、**日々の学習の密度**が物をいいます。高校で配布される数学の問題集は、大学受験を念頭に置かれたもので、レベル的にも問題選択にも定評のあるものが使われています。ただ、解説が簡略なため、自学自習が難しいという点は否めません。

そこで、解説がしっかりとしている分厚い参考書と、勉強を続けられる心の持ちようと具体的な方法が必要になってきます。「高校の数学で挫折してしまったなあ」という経験をお持ちの親御さんもおられると思いますが、どうして数学って挫折してしまうのでしょう。

数学をあきらめてしまう子の大半は、一生懸命に問題を解いても答えが合わないから嫌になるんです。やっていることは間違っていないはずなのに、結局、最後に答えが合わない。だからテストの点数が悪く、模試の偏差値も上がらず、「やっぱり数学は苦手だ！」と苦手意識がさらに募り、あきらめてしまうパターンがとても多いです。

この心理を逆手に取れば、正解できればモチベーションを保ちつつ、実力を高めていけるということになります。実は塾や予備校に通わずとも、誰でも数学の成績を上げられる方法があります。それは、**「数学の問題集の例題をしっかりと解説どおりに解く」という勉強をとことん実践すること**です。

『チャート式参考書』（数研出版）など、よく知られている数学問題集なら何でもけっこうです。まず自分で解いてみて、解けたか解けなかったかにかかわらず、解説をしっかりと読みます。次に、解説部分を隠しながら、できるだけ解説に近い方法でもう一回自分で解いてみます。

数学は解く過程を理解していくことが非常に大切で、よくできた問題集の解説は見事に必要なことは全部入っています。ですから、まずはそれを真似て書くということをやればいいわけです。

当たり前ですが、解説どおりに解ければ正解は出ます。数学の成績の良し悪しは、こうした勉強を日々積み重ねるかどうかの差で決まっていくのです。

問題集は繰り返さずに、どんどん先へ進みます。例題と練習問題を今の方法で解いていけばもうそれで十分です。途中に公式の解説がありますが、それも読んでふむふむと感心して終わるのではなく、その解説と同じ方法で自分でも証明をしてみるということをやってほしいですね。

そうすると、**日々「なるほどね」という納得感の連続で理解が深まっていきます**。

高2の数ⅡBあたりは、問題集も参考書も分厚いものばかりですから、この1冊をやろうと思った段階でほとんどはくじけてしまうものです。だから、自分自身を励ましながらやる方法を、自分で見つける必要があります。

たとえば、1ページ終わったら、そのページの紙の断面に黒いサインペンで線を引きます。問題集を閉じると、最初の1日目は細い黒線が見えるだけですが、これが10日も経つと1㎜ぐらいに太くなります。その厚みが増えることだけを励みに……と続けていると、どんな問題が来ても動じなくなっていきます。ちなみにこの方法は、塾も予備校もない地方で高校までずっと公立に通った、西村（担当科目：数学）の実体験です。

この方法はもちろん、理科でも通用します。

情報氾濫時代とはいえ、地方では受験情報が不足しています。参考書や問題集を手に取って比べたくても、それもかなわないでしょう。しかし、公立高校の先生の多くはやる気に満ちています。高校の先生にどんどん相談して、適切な情報を得ていければ、理系への道を進んでいけるでしょう。

5-8

「自分は大切な存在だ」という自己肯定感が学力のベース

成績が落ちても折れない子の秘密

子どもが学力を伸ばしていく道のりは、けっして平坦ではありません。順調な上昇曲線を描いていると思ったら、停滞したり、下降し始めたりします。どんな子でも、スランプの時期は必ずあります。

そのとき、一瞬、自信をなくしたとしても、「次、がんばればいい」「なんとかなる!」と切り替えて前を向ける子と、「やっぱ自分ってできないんだ」「もうダメだ」と心が折れてしまう子では、何が違うと思いますか。

その答えとして一つはっきりしていることは、**「がんばって勉強をして成績を上げ**

た時期がある」という経験をしているかどうかです。そして、その勉強がただがむしゃらにやったというだけではなく、**「しっかり納得感を持って勉強できていた」と子ども自身が自覚できているかどうか**。それが非常に重要です。

自信をなくしてしまうような経験をしても、現状を認識したうえで、ありのままの自分を肯定的に評価できる感情を**自己肯定感**といいます。納得感ある勉強は、将来の選択肢を広げる学力をつくってくれるだけでなく、人生を切り開いていくために大切な自己肯定感も養ってくれるといえます。

自己肯定感というのは、根拠がなければただのうぬぼれにもなりかねません。しかし、自分はこういう勉強をやって実際に成績を上げたという経験があれば、その子のなかで揺るがない自信となります。その自信が、勉強を持続していくパワーの源にもなります。

ですから、最終的に自己肯定感とは、自分自身がつくるものなのですが、子ども時代の親御さんとのかかわり方が大きな影響をもたらすのは、もう言うまでもないでしょう。

「あなたはがんばれる子だよ！」を繰り返し伝える

たとえば、テストの点数が悪かったとき、親御さんにしてもびっくりしたり、ショックだったりということはあるわけです。でも、「うちの子だったらいずれがんばるから大丈夫」という信頼感をベースに向き合うスタンスであれば、おのずとそういう想いを伝える言葉がいろいろな表現になって出てきます。

そんなときに、**ご自身の子どもの頃の失敗談を話してあげられる**親御さんはとてもいいなと思います。子どもは落ち込まなくてすみますし、**「あなただったら大丈夫」という親御さんの信頼**がお子さんに伝わるからです。

反対に、親御さんのスタンスが定まっていないと、親御さん自身の動揺がそのまま言葉や態度になって出てしまいます。「だったら次はあれをやらなきゃ」と勉強のタスクを増やそうと焦ったり、「大丈夫なの？　こんなことで」と腫物に触るように扱ったり。こういう接し方が日常だと、子どもはだんだんやる気をなくします。

ちょっと自信をなくしていた子が、テストでいい点を取ったとしましょう。そんなときも、「それくらい取れて当たり前」と言って、冷たい表情を見せ続けられると、子どもはかなりしんどいです。

こうしたご家庭では、高学年になると子どもがテストを親に見せなくなることが多くなります。テストを見せない子は、だいたい成績が伸びません。「ダメな子って思われる」「また怒られる」「怖い」。そんな想いを抱えながら、難しい問題に向き合うことなど、まだ10年そこそこしか生きていない子どもにはできないでしょう。

思春期に入っても「見ているよ」のスタンスで

今後、中学、高校と進んでからも、「テストは親に見せる」をご家庭のルールにすることをおすすめします。それが、コミュニケーションやアドバイスのチャンスになります。

「おっ！」「いいじゃん」「あらあら(笑)」など、**短い言葉をかけるだけで十分**です。勉強している姿を見たら、「さくさく進んでるね」「がんばってるね」。部活や趣味に張り切っているときは、「なんかおもしろいことやってるね」「天才なんじゃね？」。

子どもに何かさせようとする声かけではなく、リアクションめいた素直な言葉でご自身の気持ちを伝えればいいと思います。

「見てくれている」と、子どもが安心できればいいのです。

成長にともない親に反抗したり、会話も少なくなるかもしれませんが、そういう心地よい声かけは、思春期になっても覚えているものです。

「自分は大切な存在なんだ」という肯定感を子ども自身が感じられることが、勉強を続けていく気力、知力のベースです。

おわりに

理系が好きになる、得意になる、そして将来の受験で武器にできるくらいになるには、毎日の基本的な学習を踏まえたうえで、「つまみ食い」や「寄り道」の時間が欠かせません。

親御さん世代にはご存じの方も多いと思いますが、ひと昔前の学習雑誌の付録のように、遊びながら自然に学んでいけるようなアイテムに触れる時間はことのほか貴重です。試行錯誤、発見、感動がたっぷり詰まっていました。

そうした手軽でアナログな遊びや学びが、今はEテレなどの学習番組やYouTube、オンラインの多種多様な講座などに様変わりし、選択肢が増えています。通信講座の有料オプションも充実していると聞きます。こうしたものを理系に育てるための「つまみ食い」や「寄り道」としてうまく利用していけるかどうかが、親御さんの腕の見せどころといえます。

子育てには、「こう育てればこんな子に育つ」というはっきりとした因果関係は存在しないのです。たまたまよいタイミングで何かの経験をして、それが知的好奇心を刺激したというような偶然の積み重ねが子どもを成長させます。ところが、この偶然はすべての子どもに均等に訪れるわけではないのです。よい偶然が頻繁に訪れる子どもとそうでない子どもがいることに注目をすべきだと考えています。

それと同様に、勉強においても、これをやっていれば必ずよい結果が得られるという法則はありません。その証拠に、同じテキストで同じカリキュラム、しかも同じ指導者の授業を受けているにもかかわらず、学力が伸びる子どもがいる一方で、残念ながら伸びない子どもが確実に存在します。

その差は、いろいろな経験をおもしろがることができる気持ちの有無によって生じます。「本当だろうか？」「な〜るほど、そうか！」「それじゃあ、アレはどうなる？」という知的な興奮状態の快感を、日常的に経験できたかどうかです。

日常の何気ない経験を、子どもの知的好奇心をくすぐるよい偶然に変化させることができる素地を作ってあげることが大切なのです。

そのために、

・子どもの気持ちが安心してリラックスしている

・疑問を持つことがよいことだと感じている
・その疑問を表現したり、考え込んだりすることが自由にできると感じている

このようなごやかな家庭環境を維持しながら、本書に書かせていただいたことを、一つでも二つでも実践していただくことで、よい偶然を引き寄せていただきたいと願っています。

本書では、お子さんが小さいうちから家庭で実践できる「理系に育てる方法」を数々紹介してきましたが、すべてを完璧に実践しようとしなくても大丈夫です。お子さんが、熱中していたり楽しそうにしている様子を観察しながら、よい偶然が訪れる気配をたくさん感じ取っていただける一助になれば、とてもうれしく思います。

二〇二三年一月

西村則康　辻義夫

西村則康　にしむら・のりやす

中学受験のプロ家庭教師「名門指導会」代表
40年以上、難関中学・高校受験指導一筋のカリスマ家庭教師として、最難関校に3000人以上を合格させてきた抜群の実績をもつ。暗記や作業だけの無味乾燥な受験学習では効果が上がらないという信念から、「なぜ」「だからどうなる」という思考の本質に最短で入り込む授業を実践。また受験を通じて親子の絆を強くするためのコミュニケーション術もアドバイスする。日本初の「塾ソムリエ」としても活躍中で、運営する中学受験情報サイト「かしこい塾の使い方」は16万人のお母さんが参考に。ベストセラーの『中学受験基本のキ！第5版（日経DUALの本）』（日経BP）をはじめ著書多数。

辻義夫　つじ・よしお

中学受験のプロ家庭教師「名門指導会」副代表
中学受験情報局「かしこい塾の使い方」主任相談員
大手進学塾での指導経験の後、パーソナル指導の分野で最難関中対策を中心に算数・理科を指導。その授業は「受けると知らない間に算数・理科が好きになってしまう」ことから「ワクワク系中学受験」と評される。「カレーライスの法則」「ステッカー法」など直感でわかるユニークな解法を編みだす名人でもある。プラネタリウムとのコラボ企画「辻・アインシュタインホメ夫のわくわく系理科実験」の小学生向け天球授業は即日満員になる人気。著書に『中学受験　すらすら解ける魔法ワザ理科・計算問題』（実務教育出版）、『頭がよくなる　謎解き理科ドリル』（かんき出版）など多数。

■中学受験情報局「かしこい塾の使い方」
https://www.e-juken.jp/

■中学受験のプロ家庭教師「名門指導会」
https://www.meimon.jp/

理系が得意になる子の育て方

2023年2月20日　第1刷発行

著　者　　西村則康　辻義夫
発行者　　江尻 良
発行所　　株式会社ウェッジ
〒101-0052 東京都千代田区神田小川町1丁目3番地1
NBF小川町ビルディング3階
電話 03-5280-0528　　FAX 03-5217-2661
振替 00160-2-410636
https://www.wedge.co.jp/

編集協力　井上佳世
装　丁　上坊菜々子
イラスト　山内庸資
DTP組版　株式会社リリーフ・システムズ
印刷・製本　株式会社シナノ

※定価はカバーに表示してあります。
※乱丁本・落丁本は小社にてお取り替えいたします。

ISBN978-4-86310-261-3　C0037